Les nouveaux outils pour le français

cycle 2

CE1

Ce manuel applique les règles de la **nouvelle orthographe**, comme le recommandent les programmes. Toutefois, les textes reproduits le sont dans leur orthographe d'origine. Les deux graphies sont admises.
www.renouvo.org

Sylvie Aminta
Professeure des écoles,
maitre formatrice

Alice Helbling
Professeure des écoles

Claire Barthomeuf
Professeure des écoles

MAGNARD

www.ce1.opf2016.magnard.fr

Progression en étude

Connaissances et compétences associées	CP
Maitriser les relations entre l'oral et l'écrit *(lien avec la lecture)*	
• Correspondances graphophonologiques • Valeur sonore de certaines lettres (s – c – g) selon le contexte • Composition de certains graphèmes selon la lettre qui suit (an/am, en/em, on/om, in/im)	• Étude systématique des correspondances graphophonologiques
Mémoriser et se remémorer l'orthographe de mots fréquents et de mots irréguliers dont le sens est connu *(lien avec l'écriture)*	
• Vocabulaire des activités scolaires et vocabulaire spécialisé lié aux apprentissages disciplinaires • Séries de mots (champ lexical ; familles de mots ; analogie morphologique...) • Mots invariables	• Repérage et tri de mots • Mémorisation des mots des lexiques spécialisés (nom des nombres)
Identifier les principaux constituants d'une phrase simple en relation avec sa cohérence sémantique *(de quoi on parle, ce qu'on en dit)*	
• Identification du groupe nominal • Identification du verbe • Classes de mots : noms - verbes – déterminants – adjectifs – pronoms (en position sujet) – mots invariables	• Le mot (sens, forme et variations)
• Phrases affirmatives et négatives • Ponctuation de fin de phrase ; signes du discours rapporté	• L'ordre des mots • La forme des phrases • La ponctuation
Raisonner pour résoudre des problèmes orthographiques, d'accord essentiellement *(lien avec l'écriture)*	
• Notion de groupe nominal ; notion de « chaine d'accords » pour déterminant/nom/adjectif (variation singulier/pluriel en priorité ; variation masculin/féminin) • Relation sujet - verbe (identification dans des situations simples) • Notions de singulier et pluriel ; de masculin et féminin • Marques d'accord pour les noms et adjectifs : nombre (-s) et genre (-e) • Découverte d'autres formes de pluriel (*-ail/-aux* ; *-al/-aux*...) et d'autres marques du féminin dans les noms (*lecteur/lectrice*...) et les adjectifs (*joyeux/joyeuse*...) • Marque de pluriel pour les verbes à la 3e personne *(-nt)*	• Les marques d'accords (genre et nombre)
Comprendre comment se forment les verbes et orthographier les formes verbales les plus fréquentes *(lien avec l'écriture)*	
• L'indicatif présent, imparfait et futur des verbes *être, avoir, faire, aller, dire, venir, pouvoir, voir, vouloir, prendre* et des verbes dont l'infinitif se termine par *-er* • Mémorisation des formes les plus fréquentes (troisième personne du singulier et du pluriel) • Compréhension de la construction de la forme conjuguée du verbe (radical ; terminaison) • Mémorisation de marques régulières liées à des personnes (*-ons, -ez, -nt*) • Infinitif ; participe passé • Notions de temps simples et temps composés ; formation du passé composé • Notions de marques liées au temps (imparfait et futur en particulier) • Homophones : *a / est / ont / sont* et *à / et / on / son*	• Manipulation des formes verbales (changements de temps, de personnes) • Mémorisation de quelques formes conjuguées, notamment pour les verbes *avoir* et *être*
Identifier des relations entre les mots, entre les mots et leur contexte d'utilisation ; s'en servir pour mieux comprendre *(lien avec la lecture et l'écriture)*	
• Familles de mots et dérivation (préfixe, suffixe) • Catégorisation et relations entre termes génériques et termes spécifiques • Synonymie ; antonymie (contraires) pour adjectifs et verbes • Polysémie ; relation avec les contextes d'emploi • Sens propre ; sens figuré • Registres familier, courant, soutenu *(lien avec enseignement moral et civique)*	• Mots travaillés découverts en contexte
Étendre ses connaissances lexicales, mémoriser et réutiliser des mots nouvellement appris *(lien avec l'expression orale et écrite)*	
• Définition d'un mot ; compréhension d'un article de dictionnaire • Mobilisation de mots « nouveaux » en situation d'écriture avec appui éventuel sur des outils	• Les mots nouveaux et usages particuliers de mots connus

de la langue au cycle 2

programmes 2016

Les nouveaux outils pour le français **CE1**	*Les nouveaux outils pour le français* **CE2**
• Les syllabes • Les sons [p] et [b] • Les sons [d] et [t] • La lettre *s* • La lettre *c* • La lettre *g* • Le son [j] • Le son [o] • Les sons [u], [wa] et [wɛ̃] • Le son [e] • Le son [ɛ] • Les sons [ɑ̃], [ɔ̃] et [ɛ̃]	• Les syllabes, les mots, les phrases • Les accents • Les sons *ien/ein, ian/ain, ion/oin…* • Le son [s] • Le son [k] • La lettre *g* • Le son [j] • *m* devant *m, b, p* • Les consonnes doubles • Les lettres finales muettes • Les noms masculins en *-é, -er, -ier, -et* • Les noms terminés par le son [o]
• Le vocabulaire de l'école, de la maison, de la famille, de la nourriture, du temps qui passe, du corps et des animaux	• Le vocabulaire du corps, de la nature et de l'environnement, du sport, de la météo, de l'environnement et du temps qui passe • Les mots invariables
• Le groupe nominal • Le verbe • Le sujet du verbe • Les classes de mots : les noms communs et les noms propres, le verbe, les déterminants, l'adjectif qualificatif, le pronom personnel sujet • La phrase • La forme affirmative et la forme négative • La ponctuation	• Le groupe nominal • Le verbe • Le sujet du verbe • Les classes de mots : les noms communs et les noms propres, le verbe, les déterminants (articles et déterminants possessifs), l'adjectif qualificatif, le pronom personnel sujet, les mots invariables • La phrase • La forme affirmative et la forme négative • La ponctuation
• Les accords dans le groupe nominal • L'accord du verbe avec le sujet • Le genre et le nombre d'un nom • Le pluriel des noms • Le pluriel des adjectifs qualificatifs • Le féminin des noms • Le féminin des adjectifs qualificatifs	• Les accords dans le groupe nominal • L'accord du verbe avec le sujet • Le genre et le nombre d'un nom • Le pluriel des noms • Le pluriel des adjectifs qualificatifs • Le pluriel des noms en *-al* et *-ail* • Le féminin des noms • Le féminin des adjectifs qualificatifs
• Passé, présent, futur • Conjuguer un verbe (1) • Conjuguer un verbe (2) • L'infinitif • Le présent des verbes en *-er* • Le présent des verbes *être* et *avoir* • Le présent des verbes *faire* et *dire* • Le présent des verbes *aller* et *prendre* • Le futur des verbes en *-er* • Le futur des verbes *être* et *avoir* • L'imparfait des verbes en *-er, être* et *avoir* • Le passé composé des verbes en *-er, être* et *avoir*	• Passé, présent, futur • L'infinitif • Conjuguer un verbe • Le présent : les verbes en *-er*, en *-ir*, en *-dre* et les verbes *être, avoir, aller, partir, venir, voir, faire, dire, pouvoir, vouloir* • Le futur : les verbes en *-er*, en *-ir* (comme *finir* et *partir*) et les verbes *avoir, être, aller, faire, venir, voir, dire, prendre, pouvoir, vouloir* • L'imparfait : les verbes en *-er*, en *-ir* et les verbes *avoir, être, aller, voir, faire, dire, prendre, venir, pouvoir, vouloir, partir* • Le passé composé • Le passé composé des verbes *avoir* et *être* • a - à / on - ont / et - est / son - sont
• Les mots de la même famille • Les noms génériques • Les synonymes • Les contraires • Les homonymes	• Les mots de la même famille • Les préfixes • Les suffixes • Les noms génériques • Les synonymes • Les contraires • Les homonymes • Le sens d'après le contexte • Le sens propre et le sens figuré • Les niveaux de langage
• L'ordre alphabétique • Chercher un mot dans le dictionnaire • Lire un article de dictionnaire	• L'ordre alphabétique • Chercher un mot dans le dictionnaire • Lire un article de dictionnaire

Sommaire

Grammaire

Les exercices signalés par ce picto sont disponibles sous forme de **fiches imprimables**.

→ *À télécharger gratuitement sur www.ce1.opf2016.magnard.fr ou dans le CD-Rom du guide pédagogique.*

Conjugaison

Orthographe

Des sons et des lettres

Les accords

Vocabulaire

Le dictionnaire

Le sens et la formation des mots

Interdisciplinarité

Enrichir son vocabulaire

La phrase

Cherchons

Le soleil brille sur le lac

Tombe la forêt la neige sur.

La neige tombe sur la forêt.

Le soleil brille sur le lac.

Le jardin arrose la pluie.

La pluie arrose le jardin.

- **Retrouvez la phrase correcte qui correspond à chaque dessin.**
- **Quelles étiquettes avez-vous écartées ? Pourquoi ?**

Je retiens

- Une phrase est une **suite de mots** qui a un **sens**.
- Elle commence par une **majuscule** et finit par un **point** [.], un **point d'interrogation** [?] ou un **point d'exclamation** [!].

Le soleil brille sur le lac.

majuscule point

Reconnaitre une phrase

1 * **Recopie uniquement les phrases.**

a. Une petite fille habitait dans une villa.

b. Une fille habitait là.

c. Habitait dans une villa

d. Une petite fille riait.

e. une petite fille habitait dans une villa

2 * **Retrouve et recopie les deux phrases.**

a. Samir voit Laurent.

b. Laurent voit Samir.

c. Quelqu'un fort chante.

d. Le guette chat la souris.

Défi langue

Recopie uniquement la phrase correctement écrite et indique comment tu l'as reconnue.

a. Le maitre-nageur apprend à nager aux enfants.

b. le maitre-nageur apprend à nager aux Enfants.

3 ★★ **Lis le texte puis complète le tableau.**

Clara se réveille à sept heures. Elle se lève et déjeune. Après avoir déjeuné, elle fait sa toilette. À huit heures, elle part pour l'école. Elle sonne chez son amie Léa en passant et elles font le chemin ensemble.

nombre de majuscules	nombre de points	nombre de phrases

4 ★★ **Corrige le texte pour que toutes les phrases aient un sens.**

Lucas est jaloux. Quand c'est l'anniversaire de sa sœur, il boude car il ne reçoit pas de cadeaux. Quand il joue avec son ami, il triche pour gagner. Alors, seul se il retrouve. jouer avec lui ne veut Personne.

Écrire des phrases

5 ★ **Écris une phrase avec les mots de chaque liste.**

N'oublie pas de mettre une majuscule au début de tes phrases et un point à la fin.

a. Julie • camarade • avec • un • joue

b. roule • le • camion • voiture • la • derrière

c. la • le • tortue • lièvre • dépasse

d. le • le • chat • attrape • chien

e. les • le • dans • fleurs • sont • vase

6 ★ **Recopie les phrases en séparant les mots.**

a. Lelionestleroidesanimaux.

b. Antoineseréveilledebonnehumeur.

c. Ilfautselevertôtaujourd'hui.

d. Quandnousarrivonsdanslacour,nousjouons auballon.

e. Ilyadespaquetssouslesapin.

7 ★★ **Complète les phrases sans oublier les majuscules ni les points.**

a. Nous allons tous les jours …

b. … dans le parc.

c. … dessines …

d. Ils rient …

e. … fleurissent au printemps.

8 ★★ **Recopie le texte en mettant des majuscules et des points.**

pour mon anniversaire, j'ai demandé un poisson rouge je l'ai choisi avec mes parents il a l'air de faire des acrobaties dans son aquarium je sais déjà quel nom lui donner il s'appellera Pirouette

J'écris

9 ★★ **Écris une phrase pour décrire chaque dessin.**

La ponctuation

Cherchons

– Nous sommes les poulettes,
les chéries du fermier. Sans nous, pas d'omelette.
– Et moi, j'suis le renard ! Je vais vous dévorer !
Et moi j'suis le renard ! J'arrive pour déjeuner !

Gérard Moncomble, Michel Piquemal,
Théâtre pour de rire, © Magnard.

- **Qui parle dans ce dialogue ?**
- **Relevez tous les signes de ponctuation. À quoi sert chacun de ces signes ?**

Je retiens

- La ponctuation est l'ensemble des signes qui aident à se repérer dans un texte.

Les phrases se terminent par :
– un **point** : *La poule couve un œuf.*
– un **point d'interrogation** : *Que fait le renard ?*
– un **point d'exclamation** : *Il veut dévorer les poulettes !*

- La **virgule** sépare des groupes de mots.
  Demain, le fermier ramassera les œufs.
- Les **tirets** ou les **guillemets** indiquent que quelqu'un parle.
  – Nous sommes les poulettes.
  – Et moi, je suis le renard.
  « Et moi, je chasse le renard », dit le fermier.

Reconnaitre les signes de ponctuation

1 ✶ **Recopie les phrases en écrivant les majuscules et la ponctuation en rouge.**
a. Le renard veut dévorer les poulettes.
b. Vont-elles se défendre ?
c. Les poulettes décident de réagir !

2 ✶ **Recopie les phrases qui contiennent des virgules ou des points d'interrogation.**
a. Tous les soirs, à la même heure, nous passons à table.
b. Quelle heure est-il ?
c. C'est bientôt l'heure de la récréation !
d. Qui veut jouer aux billes ?

3 ** **Dans chaque liste, recopie la phrase correcte.**

a. il fait beau • Il fait beau. • il fait beau.

b. Nous avons entendu un cri • Nous avons, entendu un cri. • Nous avons entendu un cri.

c. Où vas-tu si vite. • Où vas-tu si vite ? • où vas-tu si vite ?

d. Je suis, en retard • je suis en retard. • Je suis en retard.

Utiliser la ponctuation

4 * **Ajoute la virgule manquante dans chaque phrase.**

Hier soir j'ai préparé mon cartable.
→ *Hier soir, j'ai préparé mon cartable.*

a. Hier il a plu.

b. Demain je resterai à la maison.

c. Aujourd'hui je mange à la cantine.

d. Lundi prochain nous irons au cinéma.

e. Bientôt nous rendrons visite à nos grands-parents.

5 ** **Ajoute deux virgules et un point dans chaque phrase.**

a. Hier en allant à l'école je me suis arrêté à la boulangerie

b. Dimanche avec mes parents nous avons fait du vélo

c. Un jour dans la forêt j'ai croisé un cerf et deux biches

d. L'année dernière pendant les vacances d'été il a fait très beau

6 ** **Recopie le texte en ajoutant les majuscules et les points.**

Il y a trois phrases.

margaux et sarah sont les meilleures amies du monde elles ne se quittent jamais sauf quand elles se disputent malheureusement, elles se disputent très souvent

Défi langue

Recopie la phrase en ajoutant le point qui convient. Explique pourquoi tu as choisi ce point.
Où dors-tu

7 ** **Complète ce dialogue entre deux enfants en ajoutant les points oubliés.**

Il manque des points et des points d'interrogation.

« Comment t'es-tu cassé le bras
– Je roulais à vélo et je suis tombé
– Es-tu allé à l'hôpital
– Oui, le docteur m'a plâtré
– Est-ce que je peux faire un dessin sur ton plâtre
– D'accord, tu seras le premier »

8 À l'oral **Entraine-toi à dire les phrases suivantes. Fais attention à la ponctuation.**

J'suis le renard ! Je vais vous dévorer !
J'suis le renard ! J'arrive pour déjeuner !

J'écris

9 ** **Enzo et Tom n'ont pas l'air d'accord. Écris la suite de leur dialogue.**

– J'ai gagné le sac de billes, il ne te reste plus qu'une seule bille.
– Ah non, ce n'est pas ce qu'on avait dit !

La forme affirmative et la forme négative

Cherchons

Le dragon se cache dans les montagnes, sous terre ou dans une caverne. Il a l'air paisible quand il est endormi. Mais gare à vous si une tempête, un tremblement de terre ou un orage le réveille ! **Vous ne serez pas tranquilles**. Il crachera du feu et s'envolera dans les airs. Rien ne l'apaisera. Sauf peut-être s'il trouve un étang calme où se rendormir.

- **Observez la phrase en rose. Pouvez-vous dire le contraire ?**
- **Quels petits mots avez-vous enlevés à la phrase ?**
- **Observez la phrase en bleu. Pouvez-vous la transformer pour dire le contraire ?**

Je retiens

- Une phrase est à la **forme affirmative** ou à la **forme négative**.

Le dragon crache du feu. — forme affirmative

*Le dragon **ne** crache **pas** de feu.* — forme négative

- La forme négative sert à dire « **non** ».

On ajoute deux petits mots pour écrire une phrase négative :

ne… pas** (ou **n'… pas**), **ne… jamais**, **ne… plus…

*Je **ne** dors **pas**.* — *Tu **ne** parles **jamais**.*

*Il **n'**a **pas** froid.* — *Il **ne** pleut **plus**.*

Reconnaitre la forme affirmative et la forme négative

1 ✶ Classe les phrases dans le tableau. Recopie seulement la lettre.

forme affirmative	forme négative

a. Il fait beau aujourd'hui. a

b. Nous n'irons pas à la mer. n

c. L'exercice est facile. a

d. L'eau est froide. a

e. Je ne nage pas sans bouée. n

f. Nous nous sommes assis sur le banc pour attendre le bus. a

g. Je n'aime pas marcher sous la pluie. n

2 ✶ **Réponds à chaque question en choisissant la forme demandée : affirmative ou négative.**

a. Quand partons-nous ?
(forme affirmative)
- Nous ne partons pas.
- Nous partons demain.

b. À quelle heure se couche-t-il ?
(forme négative)
- Il se couche vers 20 heures.
- Il ne se couche pas avant 20 heures.

c. As-tu déjà vu des loups ?
(forme négative)
- Je n'ai jamais vu de loups.
- J'ai déjà vu des loups.

3 ✶ **Recopie uniquement les phrases à la forme négative.**

La chienne du voisin a eu des petits. Chloé aimerait bien en avoir un. Malheureusement, sa maman n'est pas d'accord.
« Un chien, ça aboie, ça met des poils partout. Je n'en veux pas ! »
Chloé n'abandonne pas. Le voisin invite sa maman à venir voir les chiots : elle s'accroupit, caresse un chiot.
« Bon, c'est d'accord. Tu peux en avoir un ! »

Utiliser la forme affirmative et la forme négative

4 ✶ **Écris les phrases à la forme affirmative.**

Si le verbe commence par une voyelle, je devient j' à la forme affirmative.

a. Je n'aime pas la soupe.
b. Tu n'iras pas en Espagne.
c. Nous ne montons pas à cheval.
d. Elles n'ont pas dormi.
e. Vous n'avez pas le temps.
f. Les bourgeons n'ont pas fleuri.

Défi langue

Un élève a souligné deux phrases. Quelle était la consigne à ton avis ?

a. Il joue sur son ordinateur.
b. Vous n'êtes pas contents.
c. Tu as oublié le pain.
d. Ils ne regardent pas la télévision.

5 ✶✶ **Réponds à chaque question par une phrase à la forme affirmative, puis à la forme négative.**

Est-ce que tu m'accompagnes ?
→ Oui, je t'accompagne.
→ Non, je ne t'accompagne pas.

a. Aimes-tu le chocolat ?
b. Sait-il nager ?
c. L'eau est-elle froide ?

6 À l'oral **Réponds par une phrase affirmative ou négative à chaque question que te posera ton voisin.**

a. As-tu des frères ?
b. As-tu déjà perdu une dent ?
c. Sais-tu skier ?
d. Crains-tu le froid ?

J'écris

7 ✶✶ **Écris une phrase à la forme affirmative pour le panneau (1) et une phrase à la forme négative pour le panneau (2).**

GRAMMAIRE

Le verbe

Cherchons

Lucie … .　　Lucie … .　　Lucie … .

- **Observez ce qui se passe dans chaque dessin. Complétez chaque phrase par un mot.**
- **Quel est le rôle de ces mots ?**

Je retiens

- Dans la phrase, le mot qui indique **l'action que fait le personnage** ou **ce qui se passe** s'appelle le **verbe**.

*Lucie **téléphone**.* (verbe)　*Lucie **sort** de chez elle.* (verbe)　*Lucie **court** après le train.* (verbe)

- Le verbe change : on dit qu'**il se conjugue**.

*Tu **téléphones**.*　*Lucie **a téléphoné**.*　*Nous **téléphonerons**.*

Reconnaitre le verbe

1 * **Recopie uniquement les verbes de la liste.**

fleur	rouler	rester
fleurir	boule	restaurant
repas	chemin	habit
table	traverser	habiter
manger	volet	ballon

2 * **Recopie les phrases puis entoure le verbe en rouge.**

a. Lara entre dans la pièce.
b. Nous bondissons hors de la voiture.
c. Elle pose ses lunettes de soleil sur la table.
d. Tu téléphones à Mehdi.
e. Il taille son crayon de couleur.
f. Le train partira à l'heure.

3 ** **Recopie les phrases qui contiennent le même verbe.**

a. Je regarde un album avant de m'endormir.

b. Nicolas observe les étoiles.

c. Ma mère regarde un documentaire à la télévision.

d. Nous regardons un film le samedi soir.

e. Il a un regard triste.

Défi langue

Parmi les mots proposés, choisis celui qui te permettra de construire une phrase. Explique ton choix.

grise · petit · mange · il

Le chat … la souris.

4 ** **Relève tous les verbes du texte.**

Le chat fait sa toilette plusieurs fois par jour. Il lèche ses pattes longuement et frotte ses oreilles plusieurs fois. Puis il nettoie le reste de son pelage. Il n'aime pas qu'on le dérange pendant cette opération. Ensuite, il dévore ses croquettes !

Utiliser le verbe

5 * **Remplace les verbes en gras par un verbe de la liste.**

se repose · reste · s'abrite · perd

a. La couleuvre **se protège** du froid sous un rocher.

b. Elle **dort** tout l'hiver.

c. L'été, elle **passe** des heures au soleil.

d. La couleuvre **abandonne** sa peau sept fois par an.

6 * **Recopie les phrases avec le verbe.**

a. Le chat *(miaule • miaulement).*

b. Le chien *(aboiement • aboie).*

c. Le lion *(rugissement • rugit).*

d. La vache *(meugle • meuglement).*

7 * **Écris une phrase pour décrire chaque photographie.**

a.

b.

c.

8 ** **Place chaque verbe en gras au bon endroit dans chaque phrase.**

a. **se lève** → L'été, le jour tôt.

b. **attendent** → Les pêcheurs patiemment que les poissons mordent à l'hameçon.

c. **mange** → Je tous les midis à la cantine.

9 À l'oral **Raconte à un(e) camarade le moment que tu préfères dans la journée.**

J'écris

10 ** **C'est un jour d'école. Écris ce que Pauline fait le matin avant de partir.**

Le sujet du verbe

Cherchons

Lulu Vroumette, la petite tortue, décide d'aller nager en sortant de l'école.
Lulu Vroumette nage et nage, et nage encore. Le temps passe. Les nuages filent. Le soleil regarde sa montre. Il est l'heure d'aller se coucher. Lulu Vroumette regarde autour d'elle. Il fait sombre et frais et un peu peur. Zioup ! Lulu Vroumette sort de l'eau.

Daniel Picouly, Frédéric Pillot, *Lulu Vroumette*, © Magnard.

- **Quels mots indiquent qui nage ? qui regarde autour d'elle ? qui sort de l'eau ?**
- **Quels mots indiquent ce qui file ?**
- **Quel est le rôle de ces mots ?**

Je retiens

- Dans une phrase, le **sujet** indique **qui fait l'action** ou **de qui (de quoi) on parle.**

Lulu Vroumette (sujet) *nage.* (verbe)

- On peut trouver le sujet en posant la question « **Qui fait l'action ?** » ou « **Qu'est-ce qui fait l'action ?** ».

Le temps passe. ***Qu'est-ce qui*** *passe ? → C'est* ***le temps*** *qui passe.*

- Le verbe **s'accorde** avec le sujet.

Le nuage (sujet) *file.* (verbe) ***Les nuages*** (sujet) *filent.* (verbe)

Reconnaitre le sujet

1 * **Pose la question « Qui ? » pour trouver le sujet de chaque phrase.**

Le chien aboie. ***Qui*** *aboie ? → C'est* ***le chien*** *qui aboie.*

a. L'ours dort tout l'hiver.
b. L'escargot avance lentement.
c. Les chats étirent leurs pattes.
d. La taupe creuse des galeries.
e. En cas de danger, la couleuvre fait la morte.
f. L'hirondelle installe son nid sous un toit.

2 * **Recopie chaque phrase et souligne le sujet.**

a. Victor adore se déguiser en clown.
b. Un écureuil se cache derrière l'arbre.
c. Le vendeur place des produits en rayon.
d. Le dindon fait le fier dans la bassecour.

3 ** **Relève le sujet de chaque verbe en gras.**

L'orage **va** éclater. Les enfants **cherchent** un abri. Les oiseaux **volent** au ras des champs. Tout à coup, un éclair jaune **déchire** le ciel. Le tonnerre **fait** un bruit de canon et la pluie **tombe** à grosses gouttes.

Utiliser le sujet

Défi langue

Quels sont les sujets possibles pour cette phrase ? Explique ta réponse.

Je   Lili   les adultes

… prépare le piquenique.

4 * **Choisis le sujet qui convient pour compléter les phrases.**

a. *Le bateau • Les barques*
… rentre au port.
b. *Les enfants • L'enfant*
… font un château de sable.
c. *Ces lunettes • Cette casquette*
… lui va bien.
d. *Tristan et Hugo • Mes amis et moi*
… adorent la neige.
e. *Mon frère et moi • Les deux frères*
… partageons nos jouets.

5 ** **Complète chaque phrase avec un sujet.**

a. … ronronne sur le fauteuil.
b. … sera bientôt cuit.
c. … montent et descendent du bus.
d. … tombe à verse depuis midi.

6 ** **Complète les phrases avec le sujet qui convient.**

N'oublie pas la majuscule au début de chaque phrase.

la girouette   la météo   le vent   une tempête

a. … gonfle la voile du bateau.
b. … indique le sens du vent.
c. … peut déraciner des arbres.
d. … annonce les changements de temps.

7 ** **Complète les phrases avec le sujet de ton choix.**

Vérifie si le verbe est au singulier ou au pluriel.

a. … broute de l'herbe.
b. … se nourrissent de viande.
c. … se déplacent d'arbre en arbre.
d. … est un animal domestique.

8 ** **Complète les phrases avec les noms proposés. Puis souligne le sujet en bleu.**

a. *le jardinier • une fleur* → … coupe … .
b. *le tracteur • Luc* → … répare … .
c. *la pluie • sans arrêt* → … tombe … .

J'écris

9 ** **Écris une ou plusieurs phrases pour décrire ce dessin.**

Les pronoms personnels sujets

Cherchons

J'habite une ferme près de l'école : mon papa est éleveur. **Il** a des vaches. Au printemps, **elles** broutent dans les prés du village. En été, **elles** vont en montagne dans les alpages. En automne, **elles** redescendent et restent dans les prés jusqu'à l'arrivée de la neige.

Antoine

- **Les mots en couleur s'appellent des pronoms. Quels mots remplacent-ils ?**
- **Pouvez-vous trouver un autre pronom dans le texte ?**

Je retiens

- ***je (j'), tu, il, elle, nous, vous, ils, elles*** sont des pronoms personnels sujets.
- Les pronoms personnels sujets **remplacent le nom ou le groupe nominal sujet**.

__La vache__ broute. → __Elle__ broute. *__Mon papa__ est éleveur. → __Il__ a des vaches.*

! Quand le sujet est un groupe nominal, on peut le remplacer par un pronom personnel pour accorder correctement le verbe.

__Mon père et moi__ habitons une ferme.
(Nous)

Reconnaitre les pronoms personnels

1 * **Associe le groupe nominal et le pronom qui peut le remplacer.**

a.

les chiens ○	○ il
la jolie maison ○	○ ils
un petit garçon ○	○ elles
les lumières ○	○ elle

b.

ces fleurs ○	○ il
mon petit frère ○	○ ils
la maitresse ○	○ elles
les animaux ○	○ elle

Défi langue

Un seul pronom peut remplacer le sujet, lequel ? Explique ta réponse.
L'animal marche sur la glace.

2 * **Écris le pronom qui correspond à chaque groupe nominal.**

*les garçons de la classe → **ils***

a. une souris → …
b. un garçon sympathique → …
c. mes frères et moi → …

3 * **Recopie les phrases, puis souligne les pronoms personnels sujets.**

a. Je prends un croissant pour le gouter.
b. Chaque soir, tu rentres seul de l'école.
c. J'écoute le chant des oiseaux.

4 ** **Dans le texte suivant, recopie les pronoms personnels et les verbes.**

Le paresseux vit en haut des arbres dans les forêts tropicales d'Amérique. Dans les arbres, il se déplace très lentement et ne remue qu'un membre à la fois. À terre, il rampe difficilement sur le ventre en tirant son corps avec ses pattes, il ne peut pas se tenir debout.

Sylvaine Peyrols, *Le Paresseux*, © Éditions Gallimard Jeunesse, www.gallimard.fr.

Utiliser les pronoms personnels

5 * **Complète les phrases avec les pronoms personnels proposés.**

nous • il • elles • vous

a. … ramassons des champignons.
b. … nage dans le grand bassin.
c. … regardent par la fenêtre.
d. … partez à l'école.

6 * **Remplace les groupes nominaux en gras par un pronom personnel sujet.**

a. **Nicolas** cherche une balle pour jouer.
b. **Raja** travaille très vite.
c. Chaque jour, **le facteur** dépose le courrier.
d. **Papa et maman** se promènent ensemble.
e. **Mes nouvelles chaussures** me font mal aux pieds.

7 ** **Complète les phrases avec un pronom personnel sujet.**

a. … aboie tout le temps.
b. … passons à huit heures.
c. … tombent.
d. … jouez dehors.
e. … décores ta chambre.

J'écris

8 ** **Pour chaque dessin, écris deux phrases : la première en utilisant le mot proposé, la deuxième en utilisant un pronom personnel.**

→ *le photographe*
→ ***Le photographe** arrive dans l'école.*
→ ***Il** installe les bancs.*

a. les enfants

b. le photographe

Je révise

Reconnaitre et écrire des phrases

1 * **Recopie uniquement les phrases.**

a. Le jour se lève.

b. Avec toi

c. Quelle chance tu as !

d. Les nuages passent devant la lune.

e. La lune, le soleil brillent le vent.

2 * **Écris une phrase avec les mots proposés.**

N'oublie pas les majuscules et la ponctuation !

a. revient • de voyage • ma tante

b. une plante carnivore • elle • m'offre

c. la plante • de mouches • se nourrit

3 ** **Écris une phrase de ton choix.**

Reconnaitre et utiliser les signes de ponctuation

4 * **Chaque phrase est écrite de deux façons. Une seule est correcte. Recopie la phrase bien ponctuée.**

a. Pourquoi court-il ? • Pourquoi court-il.

b. J'entends les chats miauler ? • J'entends les chats miauler.

c. Fais attention ? • Fais attention !

5 * **Ajoute des virgules quand c'est nécessaire.**

a. Nous avons acheté des tomates des courgettes et des fruits.

b. Regarde devant toi !

c. À la piscine on porte un bonnet de bain.

d. Viens nous sommes en retard.

6 * **Recopie le texte en ajoutant quatre points et un point d'exclamation.**

Ce soir-là, nous avons dîné dehors Mon père a fait griller des biftecks au barbecue Miam J'ai jeté un coup d'œil à ma plante Elle n'arrêtait pas d'ouvrir et de refermer ses petites mâchoires

Dina Anastasio, trad. P. Jusforgues, *La Plante carnivore*, © Éditions Gallimard Jeunesse, www.gallimard.fr.

7 ** **Écris une phrase exclamative de ton choix.**

Utiliser la forme affirmative et la forme négative

8 * **Recopie uniquement les phrases à la forme négative.**

a. Les vêtements sont sales.

b. Les vêtements ne sont pas propres.

c. La porte n'est pas fermée.

d. La porte est ouverte.

9 * **Écris les phrases à la forme affirmative.**

a. Je n'aime pas le lait.

b. Vous n'avez pas arrosé les plantes.

c. Le feu n'est pas éteint.

d. Cette chemise n'est pas trouée.

10 ** **Réponds à chaque question en commençant par *non*.**

Est-ce que tu sors ? → Non, je ne sors pas.

a. Est-ce que tu montes à cheval ?

b. Allez-vous à la patinoire ?

c. Nages-tu dans le grand bain ?

Reconnaitre et utiliser le verbe

11 ✶ Classe les mots dans le tableau.

les verbes	les autres mots

cheminée • matinée • marcher • courir • dessiner • mentir • descendre • portier • bouteille • lire • sortie • offrir • coudre • livre • sel • mer • course • chanter

12 ✶ Complète les phrases avec un verbe de la liste.

apprend chantent range joue entre habite travaillent

a. Lilou … ses affaires.
b. Samira … une très belle maison.
c. Jules … au CM1.
d. Léo … à nager.
e. Anne et Nadia … souvent ensemble.
f. Suzanne … au parc après l'école.
g. Mes parents … comme des casseroles.

13 ✶ Il y a un intrus dans chaque liste. Recopie les listes sans l'intrus.

a. mange • écoute • chante • école
b. lavons • bidons • sauvons • allons
c. s'entrainent • appartement • piétinent • marchent
d. nez • venez • avancez • prenez
e. fiançailles • danses • chuchotes • partages

14 ✶✶ Il manque le verbe dans chaque phrase. Place chaque verbe de la liste au bon endroit.

participe dégage change ont commence

a. Mes parents chacun un vélo.
b. En automne, la forêt de couleurs.
c. Je à une course à pied le 6 octobre.
d. Il tôt le matin.
e. Le pain chaud une bonne odeur.

Reconnaitre et utiliser le sujet et les pronoms personnels

15 ✶ Écris le sujet représenté par chaque illustration.

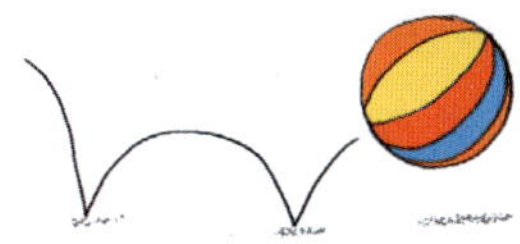

a. … rebondit.

b. … sautent.

16 ✶ Recopie les phrases de l'exercice 15 en remplaçant le sujet par un pronom personnel.

17 ✶ Associe les sujets et les verbes.

Ma cousine ○	○ marchons chaque jour.
Samia et Zoé ○	○ adore visiter Paris.
Paul et moi ○	○ préparez des crêpes.
Noé et toi ○	○ viennent d'arriver.

18 ✶ Choisis le pronom personnel entre parenthèses qui convient.

a. *(Elle • Elles)* s'énervent très vite.
b. *(Il • Ils)* jardine tous les matins.
c. *(Elle • Elles)* joue de la clarinette.
d. *(Il • Ils)* pratiquent la natation.
e. *(Elle • Elles)* écoutent attentivement.
f. *(Il • Ils)* adore les glaces.

19 ✶✶ Relève le sujet de chaque phrase du texte.

De drôles de petites bêtes !

Les coccinelles sont des petits insectes rouges avec des taches noires. Elles avancent à tout petits pas. Ces petites bêtes mangent des pucerons.

Les fourmis portent de lourdes charges. Leur taille varie de 1 cm à 5 cm.

Les noms communs et les noms propres

Cherchons

Léon a été choisi pour jouer le premier rôle d'une pièce de théâtre, mais il a le trac…

Léon jette un coup d'œil à son réveil : 6 h 15. Il est debout depuis plus d'une heure. Comme tous les lundis, il redoute d'aller à l'école pour la répétition de théâtre. Tout a commencé il y a deux mois, quand le jeune garçon et ses amis **Eva**, **Victoire** et **Loïc**, ont été choisis pour jouer dans le spectacle de **Noël**, *Les Trois Mousquetaires**. Et, pire que tout, le maître a demandé à Léon de tenir le rôle principal, celui de d'Artagnan.

David Marchand et Guillaume Prévôt, *Le pacte du miroir, J'aime Lire n° 466*, novembre 2015, © Bayard Presse.

**Les Trois Mousquetaires* : livre célèbre écrit par Alexandre Dumas.

- **Pourquoi les noms en couleur ont-ils une majuscule ?**
- **Relevez des noms sans majuscule dans le texte. Comment les appelle-t-on ?**

Je retiens

- Un mot qui désigne un objet, un lieu ou un être vivant est un **nom**, c'est sa classe grammaticale : *l'école, la répétition, Victoire.*
- Les **noms communs** s'écrivent avec une **minuscule** : *les lundis, une heure, le spectacle.*
- Les **noms propres** s'écrivent avec une **majuscule** et désignent un lieu, une personne ou un animal en particulier : *Léon, Eva, Noël.*

Reconnaitre les noms communs et les noms propres

1 * **Relève le nom dans chaque phrase.**

a. L'oiseau siffle.
b. Théo court.
c. Les chiens aboient.
d. Le réveil sonne.
e. Les portes s'ouvrent.

2 * **Classe les mots dans le tableau.**

noms propres	noms communs

a. Paris
b. la fleur
c. Chloé
d. une ville
e. Malik
f. une chemise
g. un arbre
h. les Alpes
i. une étoile
j. l'Angleterre

3 ★ **Associe le nom propre au nom commun qui correspond.**

la France → un pays

Lyon ○	○ un océan
la Seine ○	○ un fleuve
la tour Eiffel ○	○ un monument
l'Atlantique ○	○ une ville

4 ★ **Relève les noms propres et classe-les dans le tableau.**

noms de lieux	noms de personnes

a. Quelle est la glace préférée de Sarah et de Karim ?
b. La Provence, la Normandie et la Bretagne sont des régions de France.
c. Marco Polo était un grand explorateur.
d. Camille visite l'Italie.

Défi langue

Les mots en couleur commencent par une majuscule, mais quelle est la différence entre les mots en rose et ceux en violet ?

Un soir, Arthur adressa une lettre à son ami de Bretagne. Il avait envie de le revoir. Il ajouta un billet de train dans l'enveloppe et attendit sa réponse. Elle arriva quelques jours plus tard : Jean-Baptiste viendrait pour les prochaines vacances !

Utiliser les noms communs et les noms propres

5 ★ **Complète les phrases par un nom propre et un nom commun.**

a. Mon … Jules habite rue … .
b. La famille … déménage à … .
c. Le … de Kilian s'appelle … .
d. … est un célèbre … .

6 ★ **Réécris les phrases en remplaçant chaque nom propre par un nom commun.**

Harry Potter utilise sa baguette magique.
→ Le magicien utilise sa baguette magique.

a. Milou suit son maitre fidèlement.
b. Paris brille toute la nuit de mille lumières.
c. Léa préfère porter des robes l'été.
d. Garfield a miaulé toute la nuit.

7 ★★ **Recopie le texte en mettant les majuscules oubliées.**

N'oublie pas qu'une phrase commence par une majuscule.

les villages de montagne (comme le grand-bornand dans les alpes) ne vivent plus seulement de l'agriculture. aujourd'hui, le tourisme (les activités de vacances) donne beaucoup de travail.

8 À l'oral **Présente ton voisin de classe. Donne son prénom, son âge, la couleur de ses yeux et de ses cheveux.**

J'écris

9 ★ **Décris-toi en complétant les phrases.**

N'oublie pas les majuscules aux noms propres.

Je m'appelle… J'aime…
Je suis… Je n'aime pas…
J'habite…

Le genre d'un nom

Cherchons

Tibili est un petit **bonhomme** de six ans qui rit du **matin** au **soir**. Il rirait même la **nuit** s'il ne tombait pas de **sommeil** tellement il court et joue toute la **journée**. [...] Un **jour**, pourtant, Tibili s'arrête de rire : sa **maman** vient de lui apprendre qu'il irait à l'**école** à la prochaine rentrée des classes.

Marie Léonard, Andrée Prigent, *Tibili le petit garçon qui ne voulait pas aller à l'école*, © Magnard Jeunesse.

- **Les noms en rouge sont-ils masculins ou féminins ?**
- **Quels petits mots vous l'indiquent ?**
- **Pouvez-vous dire si les mots en vert sont masculins ou féminins ?**

Je retiens

- Un nom peut être **masculin** ou **féminin.**
- Devant un **nom masculin**, on peut écrire ***un, le, ton, ce...***

  un *jour*, ***le*** *sommeil*, ***ton*** *cahier*, ***ce*** *soir*
- Devant un **nom féminin**, on peut écrire ***une, la, ta, cette...***

  une *journée*, ***la*** *rentrée*, ***ta*** *classe*, ***cette*** *nuit*

Reconnaitre le genre des noms

1 ✶ **Classe les noms dans le tableau.**

noms masculins	noms féminins

un citron • une feuille • l'ananas • une noix de coco • l'horizon • l'abat-jour • la poire • une framboise • l'éléphant • le dinosaure • une olive • l'histoire • le choix • l'oreille • une plume • l'illustration

Défi langue

Dans cette liste, recopie uniquement les noms féminins. Explique comment tu as fait.

moto • écrivain • aile • tulipe • lit • aigle • couette • ordinateur • marchand • pointe

2 ✶ **Dans cette liste, recopie uniquement les noms masculins.**

flute • batterie • tambourin • guitare • harpe • piano • violon • tambour • cymbale

3 ★★ **Relève les noms masculins et les noms féminins et classe-les dans le tableau.**

noms masculins	noms féminins

Le monstre hante la forêt. L'œil féroce, la gueule ouverte, il attend, parfois très longtemps, un promeneur imprudent. Il prend alors un grand plaisir à l'effrayer jusqu'à ce qu'il parte en courant. Heureusement, la forêt est souvent déserte, il se contente alors de dormir en ronflant !

Utiliser les noms selon leur genre

4 ★ **Écris cinq noms féminins.**

la lune, une chouette…

5 ★ **Trouve la réponse à ces devinettes.**

a. On l'utilise pour couper du bois : une … .
b. Le chat essaie de l'attraper : la … .
c. Si on ne sait pas nager, il faut en mettre une : une … .
d. On le trouve dans la bibliothèque : le … .
e. On le mange en rentrant de l'école : le … .

6 ★ **Remplace *l'* par *un* ou *une* et écris s'il s'agit d'un nom masculin ou féminin.**

l'hiver → un hiver, nom masculin

l'arbre • l'œil • l'aventure • l'habitude • l'armoire • l'oiseau • l'orange • l'histoire • l'hippopotame • l'oreiller

7 ★ **Associe le nom masculin et le nom féminin.**

un invité ○	○ une débutante
un artiste ○	○ une reine
un roi ○	○ une invitée
un débutant ○	○ une sportive
un sportif ○	○ une artiste

8 ★★ **Écris les noms représentés par les dessins avec le déterminant qui convient. Utilise un dictionnaire pour vérifier l'orthographe.**

9 ★★ **Complète les phrases avec un nom masculin.**

a. Loïc regarde le … .
b. J'ai pris un … avant de partir.
c. Noël approche, nous avons décoré le … .
d. Le peintre met la dernière touche au … .
e. Les voyageurs montent dans le … .

10 ★★ **Complète les phrases avec un nom féminin.**

a. Papa me lit une … chaque soir.
b. Ma sœur a cassé sa … .
c. Fati donne à manger à sa … .
d. Après l'école, nous allons à la … .
e. La … est éclairée par les lumières.

J'écris

11 ★★ **Écris deux phrases en utilisant à chaque fois un nom masculin et un nom féminin.**

Une chenille voulait devenir un papillon.
Le soleil voulait devenir la lune.
Un … voulait devenir une … .

Le nombre d'un nom

Cherchons

- Que voyez-vous sur ce dessin ?
- Classez les mots en deux colonnes : les objets ou les personnes qui sont plusieurs et ceux qui sont seuls.
- Quels petits mots vous ont aidés ?

Je retiens

- Un **nom** peut être :

– au **singulier** quand il désigne **une seule chose**. On peut écrire ***un*** ou ***une***, ***le*** ou ***la*** devant : ***un*** phare (nom masculin singulier) ***la*** mouette (nom féminin singulier)

– au **pluriel** quand il désigne **plusieurs choses**. On peut écrire ***des*** ou ***les*** devant : ***des*** maisons (nom féminin pluriel) ***les*** bateaux (nom masculin pluriel)

Distinguer le singulier et le pluriel d'un nom

1 ✶ **Recopie les groupes nominaux au pluriel.**

des fusées • une poupée • ses jouets • deux camions • le puzzle • mes jeux • ma corde à sauter • ta voiture • des billes • une quille

2 ✶ **Classe les groupes nominaux (GN) dans le tableau.**

GN au singulier	GN au pluriel

un tabouret • des chaises • les fenêtres • une table • les portes • l'armoire • les livres • des bureaux • la bibliothèque • le tableau

Défi langue

Recopie en bleu les noms au singulier et en rouge les noms au pluriel. Comment fais-tu pour ne pas te tromper ?
Dans la maison de la sorcière, ils trouvèrent des coffres remplis avec des perles et des diamants de toutes les couleurs. « C'est encore mieux que mes petits cailloux », se réjouit Hansel en remplissant ses poches.

3 ** **Classe les groupes nominaux (GN) dans le tableau.**

GN au singulier	GN au pluriel

des épinards hachés • quelques carottes râpées • une courgette • un radis rose • ces brocolis • du chou rouge • des endives • une petite mandarine

Écrire des noms au singulier ou au pluriel

4 * **Écris *un*, *une* ou *des* devant chaque nom.**

L'un de ces noms peut être au singulier et au pluriel.

… chat • … ours • … lions • … gazelle • … girafe • … guépard • … singes • … oiseaux • … crocodiles • … tortue

5 ** **Complète chaque phrase avec un groupe nominal au pluriel.**

a. … miaulent dans la rue.
b. Le vent souffle dans … .
c. Je mange … .
d. Le loup court après … .

Reconnaitre le genre et le nombre d'un groupe nominal

6 * **Indique le genre (masculin ou féminin) et le nombre (singulier ou pluriel) de ces groupes nominaux.**

des chemises → GN féminin pluriel

a. un chapeau
b. une jupe
c. l'éléphant
d. les pantalons
e. l'élastique
f. nos amies

7 ** **Dans le texte, relève un nom masculin singulier, un nom féminin singulier, un nom masculin pluriel et un nom féminin pluriel.**

Il y a plusieurs solutions.

« J'ai eu l'orangite quand j'étais petite et à cause de tous les bonbons au gingembre que je mange en cachette, les taches orange ne sont jamais parties. Ça arrive, parfois. Si je sors de la tente, tout le monde va rire. »
Marie Vaudescal, *Princesses, dragons et autres salades*, © Éditions Gallimard Jeunesse, www.gallimard.fr.

8 ** **Complète le texte avec les noms de la liste.**

nez fils joues casquette mèches lunettes

Thomas, le plus jeune … de ma voisine, portait des … rondes. Il avait un … pointu et les … rouges. De sa … s'échappaient quelques … brunes.

J'écris

9 ** **Écris la liste des objets que contient ta trousse en utilisant des noms au singulier et au pluriel.**
Ma trousse contient…

Les déterminants

Cherchons

Ce sont les poules qui pondent les œufs. L'œuf se fabrique dans le ventre de la poule. La poule se pose sur les œufs pour les garder bien au chaud : elle couve, les poussins se forment dans la coquille.

L'Œuf, © Éditions Gallimard Jeunesse, www.gallimard.fr.

- **Relevez les noms dans le texte. Quels petits mots trouve-t-on devant ?**
- **Sont-ils au singulier ou au pluriel ?**
- **Connaissez-vous d'autres petits mots du même type ?**

Je retiens

- Les **déterminants** sont des petits mots qui se placent **devant un nom**.

Ils indiquent si le nom est :

– **masculin** *(le, l', un, mon, ton, son, ce, cet)* ou **féminin** *(la, l', une, ma, ta, sa, cette)* ;

– au **singulier** ou au **pluriel** *(les, des, mes, tes, ses, ces)*.

__le__ coq, __une__ coquille, __mes__ poules, __ces__ poussins

- ***le, la, l'*** et ***les*** sont des **articles définis**.
- ***un, une*** et ***des*** sont des **articles indéfinis**.

Reconnaitre les déterminants

1 ✶ **Classe les noms et les déterminants qui les accompagnent dans le tableau.**

déterminants et noms au singulier	déterminants et noms au pluriel
b.	*a.*

a. les dinosaures
b. la terre
c. un poisson
d. le soleil
e. des oiseaux
f. mon chat
g. cette photo
h. mes coquillages
i. tes livres
j. l'arbre
k. des fleurs
l. tes chaussures
m. ta robe
n. ton pantalon
o. ses gants
p. ma montre

2 ★ **Classe les noms et les articles dans le tableau.**

articles définis + noms	articles indéfinis + noms

l'hirondelle • la peinture • des crayons • un téléphone • une feuille • un papier • le garage • les sièges • une bibliothèque • le calendrier • l'ascenseur • des oranges

3 ★★ **Dans le texte, relève les noms et leurs déterminants.**

L'autruche est un oiseau qui ne peut pas voler. Il est le plus grand de tous les oiseaux vivant sur la Terre. Les autruches sont aussi des championnes de course à pied capables de courir à la vitesse de 80 kilomètres à l'heure ! Leurs plumes sont utilisées dans la fabrication de costumes.

4 ★★ **Dans chaque liste de déterminants se cache un intrus. Recopie les listes sans l'intrus.**

a. le • la • je • des • un
b. ce • cette • nous • son • sa
c. mes • mon • tes • ses • c'est
d. un • une • des • les • laid

Utiliser les déterminants

5 ★ **Associe les articles au nom qu'ils peuvent accompagner.**

Il peut y avoir plusieurs solutions.

le ○
l' ○
la ○
un ○
une ○
des ○

○ plume
○ bateau
○ ours

Défi langue

Complète chaque article avec un nom qui convient. Comment as-tu choisi les mots ?

a. les …   c. l'…   e. une …
b. un …   d. des …   f. le …

6 ★ **Complète chaque nom avec un déterminant qui convient.**

a. … horloge   e. … jardin
b. … tableaux   f. … fusée
c. … matin   g. … erreurs
d. … éponge   h. … image

7 ★★ **Complète les phrases avec les déterminants de la liste.**

le   ma   mes   mon   la   les   des

a. … petite sœur prend toujours … jouets, j'en ai assez !
b. Va vite à … boulangerie avant qu'elle ne ferme !
c. … soir, pour y voir plus clair, on allume … lampes.
d. Nous avons envie de manger … gâteaux au chocolat.
e. … cousin arrive demain matin, nous allons bien nous amuser.

J'écris

8 ★ **Fais la liste de ce que l'on trouve dans cette chambre.**

Le groupe nominal

Cherchons

Le petit garçon qui raconte cette histoire a une maman très spéciale…

Un matin, la maîtresse d'école nous demanda si nos mamans pourraient faire **des gâteaux** pour le goûter de l'école… Ce fut **un désastre épouvantable**.
Mais les copains, eux, faillirent mourir de rire.
Et ils voulurent tous venir jouer chez moi.

© Babette Cole, *J'ai un problème avec ma mère*, D.R.

- **Combien y a-t-il de mots dans chaque groupe en couleur ?**
- **Comment s'appelle chacun des mots en couleur ?**

Je retiens

- Le **groupe nominal (GN)** est composé d'un **déterminant** et d'un **nom**.

un *matin*
déterminant + nom

- D'autres mots peuvent se rajouter. Ils donnent des informations sur le nom.

*un **beau** matin* *un matin **d'été***

- Quand le nom est au singulier, le GN est au **singulier**.

Quand le nom est au pluriel, le GN est au **pluriel**.

***un** bon gâteau* — GN au singulier
***des** bons gâteaux* — GN au pluriel

Reconnaitre les groupes nominaux

1 ★ **Recopie les groupes nominaux et souligne chaque nom.**
un capitaine norvégien • une bête monstrueuse • le grand navire blanc • la petite ile • une belle ville • un chiffon humide • un tigre affamé • des billes vertes • une serviette propre • un rat gris

2 ★ **Dans chaque liste de groupes nominaux se cache un intrus. Recopie les listes sans l'intrus.**
a. le parapluie vert • il joue • une jolie jupe • le chien méchant
b. un couteau aiguisé • vous tombez bien • un élève curieux • l'excellent repas
c. la voiture grise • le joli chapeau rouge • une pomme mure • elles cueillent

3 ** **Il y a un groupe nominal dans chaque phrase. Recopie-le.**

a. Le chat miaule.
b. Un vent violent souffle.
c. Arthur a un lapin blanc.
d. Une pluie fine tombe continuellement.
e. Nous avons vu des chevaux magnifiques.
f. Les oies sauvages migrent.

4 ** **Il y a deux groupes nominaux dans chaque phrase. Recopie-les.**

a. La petite fille choisit une robe rouge.
b. Les enfants courent dans la cour.
c. Le soleil brille sur la mer.
d. Le bruit des pas résonne dans la gare.
e. De nombreux touristes profitent des vacances pour voyager.

5 ** **Relève les groupes nominaux dans le texte.**

Nina a 7 ans. Elle habite à la campagne avec son grand frère et ses parents. Pour découvrir le monde et se distraire, la petite fille a un ordinateur. Elle a aussi un lapin nain à cajoler et un poisson rouge à observer. Mais ce qu'elle aime par-dessus tout, c'est courir avec ses amis et pédaler très vite dans les chemins forestiers.

Utiliser les groupes nominaux

6 * **Complète les phrases avec les groupes nominaux proposés.**

le vieux monsieur • le jeune chien • une petite voiture blanche • un livre illustré

a. Théo choisit … et le feuillette.
b. … rit.
c. … se gare dans la rue.
d. Dans la cour, … aboie à chaque bruit.

Défi langue

Associe les mots proposés pour écrire des groupes nominaux. Explique comment tu fais pour ne pas te tromper.

la ○	○ cheval ○	○ multicolores
un ○	○ papillons ○	○ sauvage
des ○	○ maison ○	○ douillette

7 ** **Écris un groupe nominal pour chaque dessin.**

8 ** **Complète les phrases avec un déterminant ou un nom.**

a. Le soir, il aime lire un … avant de dormir.
b. … histoires qui ne finissent jamais sont ses préférées.
c. … porte grince quand on l'ouvre.
d. Une petite … fine mouille le trottoir.
e. … repas est servi !

9 À l'oral **À deux, choisissez un nom. Puis, chacun votre tour, ajoutez un mot pour donner de plus en plus d'informations sur ce nom.**

une poule → une petite poule → une petite poule rousse…

J'écris

10 * **Complète les phrases avec des groupes nominaux qui se rapportent à la nourriture.**

J'adore… • J'aime… • J'aime aussi… • Mais je n'aime pas…

L'adjectif qualificatif

Cherchons

Voici l'histoire d'**un crapaud monstrueux**, **un crapaud boueux**, un crapaud visqueux, **un crapaud gluant**, collant, poisseux, un crapaud puant, pestilentiel* et nauséabond, empestant **la vase fétide***.

Ruth Brown, trad. A. Krief et J. Ladoix, *Crapaud*,
© Éditions Gallimard Jeunesse, www.gallimard.fr.

* Pestilentiel et fétide : qui sent très mauvais.

- **Observez les groupes nominaux en couleur.**
- **Quels mots donnent des informations sur le nom ?**
- **Relevez d'autres mots qui donnent des informations sur le crapaud.**

Je retiens

- L'**adjectif qualificatif** donne des **informations sur le nom.**
Il fait partie du groupe nominal.
- Il peut être placé **avant** ou **après** le nom.

un ***joli*** *crapaud* (adjectif, nom) — *un* *crapaud* ***monstrueux*** (nom, adjectif)

- Dans le groupe nominal, le nom et l'adjectif qualificatif **s'accordent en genre et en nombre.**

un *crapaud gluant* — ***des*** *crapauds gluants*

une *petite grenouille* — ***des*** *petites grenouilles*

Reconnaitre l'adjectif qualificatif

Défi langue

À ton avis, ces groupes de mots contiennent-ils tous un adjectif ? Explique tes réponses.

a. une grosse tortue
b. une moto de compétition
c. une robe élégante

1 * **Il y a un adjectif dans chaque phrase. Recopie-le.**

a. Un étrange animal traverse la route.
b. J'adore la soupe de légumes verts.
c. Le point brillant dans le ciel est une étoile.
d. Un délicieux repas nous attend.
e. Une lumière éblouissante éclaire la pièce.
f. J'aime beaucoup ma maison douillette.

2 ** **Recopie les phrases en supprimant les adjectifs.**

Attention, l'adjectif peut être placé devant le nom !

a. Tintin et Milou débarquent sur une ile mystérieuse.
b. La porte rouillée grince.
c. Il s'assoit dans le grand fauteuil.
d. Nous avons rassemblé nos dernières forces pour finir la course.
e. Un homme solitaire s'est installé dans la vieille maison.
f. Où as-tu trouvé ce petit chapeau ridicule ?

Accorder l'adjectif qualificatif

3 * **Classe l'adjectif qualificatif de chaque groupe nominal dans le tableau.**

adjectifs féminins	adjectifs masculins
étonnante	*étonnant*

un secret étonnant • une danse entrainante • le nuage blanc • la jupe longue • une maison neuve • un chat roux • des joues roses • une affreuse sorcière • un jeu complet • un gentil chien • des feuilles vertes

4 * **Associe le groupe nominal singulier au groupe nominal pluriel correspondant.**

Exemple : 1 - d

1. un jeu amusant d
2. une voix douce e
3. un pays merveilleux b
4. un caillou pointu a
5. une collection impressionnante c

a. des cailloux pointus
b. des pays merveilleux
c. des collections impressionnantes
d. des jeux amusants
e. des voix douces

Utiliser l'adjectif qualificatif

5 * **Complète les groupes nominaux en ajoutant un adjectif.**

a. une robe …
b. un … éléphant
c. une chanson …
d. des yeux …

6 ** **Complète les phrases à l'aide d'un adjectif.**

a. Le contraire d'une histoire triste, c'est une histoire … joyeuse
b. Une voiture qui roule vite est une voiture … lentement
c. Un animal qui n'est pas apprivoisé est un animal … libre

7 ** **Remplace chaque adjectif en gras par un adjectif de la liste.**

bruyantes fameux mouillé horrible

Le **célèbre** Homme-Araignée saute d'un immeuble à l'autre. La ville résonne des sirènes **aiguës** des voitures de police. L'**affreux** bandit tente de s'échapper. Mais il dérape sur un trottoir **humide** et tombe. La police et le super-héros se félicitent.

J'écris

8 ** **Décris l'un de ces chiens. On doit pouvoir le reconnaitre.**

Utilise des adjectifs qualificatifs.

Je révise

Reconnaitre et utiliser les noms

1 * **Recopie uniquement les noms communs du texte.**
La nuit, lorsque l'on observe la Terre de l'espace, on peut voir les lumières de nos maisons ou des éclairages de nos rues.

2 * **Trouve un nom propre pour chaque groupe de noms communs.**
un prénom de fille • le titre d'une chanson • le titre d'un film • le nom d'un pays

3 * **Recopie ces phrases en écrivant les noms propres avec une majuscule.**
a. La france est un pays.
b. nicolas et ali sont des prénoms de garçons.
c. La terre est notre planète.

4 * **Classe les noms dans le tableau.**

noms communs masculins	noms communs féminins	noms propres

plume • Italie • Enzo • chien • armoire • escalier • frère • Marseille • stylo • maillot • tante • Manon • Idéfix • glace

5 * **Recopie uniquement la phrase dans laquelle le mot en gras est un nom.**
*Ma grand-mère **cuisine** bien.*
*La **cuisine** est à droite. → C'est un nom : je recopie la phrase.*
a. Le poisson **nage** dans son bocal.
La **nage** la plus rapide est le crawl.
b. Ferme la **porte** en sortant.
Elle **porte** un pantalon rouge.

6 ** **Écris trois noms communs et trois noms propres de ton choix.**

Reconnaitre le genre et le nombre d'un groupe nominal, utiliser les groupes nominaux

7 ** **Écris les noms représentés par les dessins en ajoutant *un*, *une* ou *des*.**

8 ** **Recopie l'intrus de chaque liste.**
a. lit • poisson • voiture • oreiller
b. maison • cuisine • drapeau • danseuse
c. date • dé • magicien • éventail
d. montre • couleur • déguisement • limonade

9 * **Recopie uniquement les noms au pluriel.**
Dans les pays du monde on célèbre beaucoup de fêtes. Par exemple, au Japon, il y a une fête en honneur des cerisiers au début du printemps.

10 ** **Complète les listes avec un mot qui convient**
a. limace • galaxie • eau
b. cravate • crêpe • institutrice
c. crayon • mètre • verre
d. canapé • coussin • four

11 **Classe les groupes nominaux dans le tableau.**

GN au singulier	GN au pluriel

des lumières • des repas • un cheval • une belette • mes cheveux • des jours • une table • un insecte • des requins • la respiration • un xylophone • nos affaires • leurs cahiers • son chien • ce repas

12 **Écris les groupes nominaux au pluriel.**
un couvercle • l'orange • une rivière • un fleuve • la prairie • le hangar • l'ours • l'otarie • une souris • un stylo • la pêche • un port • une falaise • la plage • un pays

13 **Classe les groupes nominaux dans la bonne colonne : féminin singulier (FS), masculin singulier (MS), féminin pluriel (FP) ou masculin pluriel (MP).**

FS	MS	FP	MP

les fourchettes • une assiette • des verres • une cuillère • une carafe • du pain • des serviettes • les bols • le plat • les couverts • la bouteille • un couteau

Reconnaitre les déterminants

14 **Relève les déterminants de chaque phrase.**
a. J'utilise une brosse pour me coiffer.
b. La sœur de Fred s'est cassé un bras.
c. Le chimpanzé est un singe très intéressant.
d. Les lionceaux aiment jouer avec la queue de leur maman.
e. Lors de ce défilé il y avait des confettis de toutes les couleurs.
f. Une tornade a tout emporté sur son passage.

15 **Associe les articles aux noms qu'ils peuvent accompagner**

la un des

animaux • paysage • voyage • boussole • étoiles • paysages • papillon

16 **Recopie ces listes de mots sans les intrus**
a. mais • le • des • la
b. mes • sou • les • un
c. une • l' • des • mois

17 **Relis l'exercice 13. Relève les déterminants au féminin et les déterminants au pluriel.**

Reconnaitre l'adjectif qualificatif

18 **Recopie les groupes nominaux qui contiennent un adjectif.**
a. une maison à étage • l'eau fraiche • un animal terrifiant
b. une voiture rapide • un serpent à sonnette • l'eau de la fontaine
c. la petite maison • un exercice difficile • une souris verte
d. Un nuage menaçant • un tas de sable • un vent violent

19 **Recopie les phrases qui contiennent des adjectifs qualificatifs.**
a. Dans le membre inférieur et dans le membre supérieur, il y a des os allongés.
b. Entre ces os, il y a un espace appelé articulation qui permet aux membres de se plier.
c. Les os peuvent se casser.
d. Pour renforcer les os, il est recommandé de consommer des produits laitiers.
e. Pour faire certaines activités sportives, comme le vélo, il faut mettre des protections.

Ce que je dois savoir à la fin de mon CE1

Reconnaitre une phrase

Une phrase est une suite de mots qui a un sens.
Elle commence par une majuscule et se termine par un point.

une majuscule → **Le soleil brille.** ← un point

↑ Cette suite de mots a un sens.

Distinguer la forme affirmative et la forme négative

Elle chante. — *Forme affirmative*

Elle ne chante pas. — *Forme négative*

Reconnaitre le verbe dans une phrase

Le verbe est le mot qui change quand on modifie le temps ou la personne.

Un oiseau vole dans le ciel.

Modification du temps

Hier, un oiseau volait dans le ciel.

Modification de la personne

Les oiseaux volent dans le ciel.

Reconnaitre le sujet d'un verbe

Un oiseau vole dans le ciel.

Qui vole ? C'est un oiseau qui vole.

Un oiseau est le sujet du verbe voler.

Reconnaitre le genre et le nombre d'un nom

Le genre d'un nom

- masculin : un jour, le sommeil, ton cahier, ce soir
- féminin : une journée, la rentrée, ta classe, cette nuit

Le nombre d'un nom

- singulier : un oiseau, la mouette
- pluriel : des maisons, les bâteaux

Reconnaitre un groupe nominal (GN)

Un groupe nominal contient au minimum un nom et un déterminant.

un gâteau	un bon gâteau
GN	*GN*
(déterminant + nom)	(déterminant + adjectif + nom)

Passé, présent, futur

Cherchons

1

2

3

passé — présent — futur

a. Demain, toutes les voitures devront être électriques pour ne pas polluer.

b. Autrefois, il y avait beaucoup moins de voitures.

c. Aujourd'hui, les voitures encombrent les villes. Les embouteillages sont fréquents.

- Quelle est la voiture la plus ancienne ? La plus récente ?
- À quelles photographies correspondent les phrases a, b et c ?
- Quels mots vous aident à répondre ?

Je retiens

- Le temps qui passe est divisé en trois grands moments :

– le **passé** : *hier, il y a un an, autrefois…*
– le **présent** : *aujourd'hui, maintenant, en ce moment…*
– le **futur** : *demain, dans un an…*

- La **conjugaison** d'un verbe indique le passé, le présent ou le futur.

*Autrefois, les ordinateurs n'**existaient** pas.* ❶
*Aujourd'hui, on **utilise** les ordinateurs dans les écoles.* ❷
*Demain, tout le monde **aura** un ordinateur portable.* ❸

passé ❶ — présent ❷ — futur ❸

Reconnaitre le passé, le présent et le futur

1 ★ **Classe les phrases dans le tableau.**

le passé *(avant)*	le présent *(maintenant)*	le futur *(demain)*

a. Je marchais à quatre pattes.
b. Je suis en classe de CE1.
c. Je ne savais ni lire ni écrire.
d. Je voyagerai beaucoup.

2 ★ **Recopie les phrases, puis indique si elles sont au passé ou au présent.**
a. Mon meilleur ami déménage.
b. Je l'ai rencontré en maternelle.
c. Un jour, nous avons construit une cabane.
d. Ce matin, je suis triste.

3 ★★ **Recopie les phrases écrites au futur.**
a. Plus tard, je serai navigateur.
b. J'affronterai la mer déchainée.
c. En ce moment, j'apprends à nager.

4 ★★ **Pour chaque phrase, indique si le verbe est conjugué au présent, au passé ou au futur.**
a. Le mois dernier, il a fêté ses sept ans.
b. En ce moment, il écoute de la musique.
c. Demain, nous irons au cinéma.
d. Dans huit jours, il visitera Paris.

Utiliser les indicateurs de temps

Défi langue

Cette phrase est-elle au passé, au présent ou au futur ? Explique ta réponse.
Je passerai à la bibliothèque plus tard dans la journée.

5 ★ **Classe les expressions dans le tableau.**

passé	présent	futur

demain • hier • aujourd'hui • bientôt • il y a longtemps • plus tard • maintenant

6 ★★ **Complète les phrases avec les expressions de la liste.**

En ce moment — Bientôt — L'année dernière — Demain

a. … nous irons à la piscine.
b. … tu seras étonné de me voir nager.
c. … je lis une bande dessinée.
d. … je suis allé au bord de la mer.

7 À l'oral **Sers-toi de ces débuts de phrases pour parler de toi.**
Quand j'étais petit, j'aimais…
Quand je serai grand, je voudrais…

J'écris

8 ★★ **Écris une phrase pour chaque dessin.**

Commence tes phrases par Quand il était petit et Aujourd'hui.

L'infinitif

Cherchons

Le cake aux framboises

- Dans un saladier, **mélanger** les œufs et le sucre.
- **Ajouter** la farine et la levure.
- **Incorporer** le beurre fondu.
- **Mixer** une poignée de framboises.
- **Incorporer** à la pâte.
- **Cuire** le gâteau pendant 40 minutes.
- **Décorer** le cake sorti du four de quelques framboises entières.

- **Observez les verbes en orange. Sont-ils conjugués ?**
- **Relisez la recette en utilisant le pronom personnel *je*. Les verbes sont-ils modifiés ?**

Je retiens

- Quand il n'est pas conjugué, un verbe est à l'**infinitif**.
- Beaucoup de verbes se terminent par ***-er*** (1er groupe) :

  *chant**er**, ajout**er**, mélang**er***
- L'infinitif des autres verbes se termine par ***-ir*** (*fin**ir**, grand**ir***), par ***-oir*** (*v**oir***) ou par ***-re*** (*boi**re**, pren**dre***).

Reconnaitre l'infinitif

Défi langue

Un élève affirme que tous les verbes de la liste sont à l'infinitif. Es-tu d'accord avec lui ? Explique pourquoi.
manger • voir • chantes • arriver • finir • coudre • cuisiner • jardiner

1 * **Il y a un intrus dans chaque liste. Recopie les listes sans l'intrus.**

a. parler • manges • danser • veiller
b. bavarder • boire • crie • balayer
c. dormir • rêve • cuisiner • travailler
d. ouvrir • courir • prendre • fini

2 ★ **Associe chaque verbe conjugué à son infinitif.**

il boude ○	○ tomber
elles tombent ○	○ habiller
vous grandissez ○	○ bouder
tu bois ○	○ grandir
nous habillons ○	○ boire

3 ★ **Recopie uniquement les verbes en *-er*.**

entourer • dessiner • rire • souligner • lire • coller • finir • découper • courir • écrire • aller • ouvrir • boire

Trouver l'infinitif d'un verbe

4 ★ **Écris les verbes en gras à l'infinitif.**

a. Ils **mangent**.
b. Le soleil **brille**.
c. Nous **jouons** au ballon.
d. Les loups **hurlent**.
e. Les oiseaux **volent**.

5 ★ **Souligne le verbe de chaque phrase et écris-le à l'infinitif.**

a. Vous préparez un gâteau.
b. Elle marche jusqu'au sommet.
c. Tu siffles un air de musique.
d. Ils flottent sur l'eau.

6 ★ **Trouve un verbe à l'infinitif pour chaque dessin.**

a.

b.

c.

7 ★ **Dans chaque liste, le même verbe est conjugué à des temps différents. Retrouve l'infinitif de ce verbe.**

a. il regardera • il regardait • il regarde
b. tu creuses • tu creusais • tu creuseras
c. nous accrochons • nous accrocherons • nous accrochions

8 ★★ **Recopie ce mode d'emploi en remplaçant les verbes conjugués par leur infinitif.**

*Je **branche** la machine à laver.*
*→ **Brancher** la machine à laver.*

a. Je place le linge dans le tambour.
b. Je choisis le programme.
c. J'ajoute la lessive.
d. J'appuie sur le bouton de départ.

9 ★★ **Relève les verbes conjugués du texte et écris-les à l'infinitif.**

Le moteur ronfle. La voiture démarre sur la petite route de montagne. Je n'aime pas beaucoup voyager en voiture. Je préfère le train ! Dans le train, les voyageurs quittent leur place quand ils le souhaitent.

J'écris

10 ★★ **Sers-toi des illustrations pour expliquer comment prendre des photos.**

Pour prendre une photo, il faut…

Utilise des verbes à l'infinitif :
viser, se rapprocher, cadrer…

Conjuguer un verbe (1)

Cherchons

Les seuls habitants de l'Arctique, la région autour du pôle Nord, sont les Esquimaux, que l'on appelle aussi les Inuits. Leurs conditions de vie sont très difficiles. Pour se nourrir, ils pêchent et ils chassent les phoques. Autrefois, ils habitaient dans des igloos. Maintenant, ils vivent dans des petites maisons de bois plus confortables.

Ma première encyclopédie Larousse, © Larousse.

- **Relevez tous les verbes conjugués. Connaissez-vous d'autres formes de ces verbes ?**
- **Comment expliquez-vous ces changements ?**

Je retiens

- Le **verbe** exprime ce que le sujet est en train de faire. Il se transforme selon le **temps** : on dit qu'**il se conjugue**.

  *Hier, j'**ai pêché**.* (passé)

  *En ce moment, je **pêche**.* (présent)

  *Demain, je **pêcherai**.* (futur)

- Quand le verbe n'est pas conjugué, il est à l'**infinitif** : *pêcher.*
- Le **radical** du verbe est la partie **qui ne change pas**. La **terminaison** est la partie du verbe **qui change** quand on le conjugue : *nous pêch/ons* (pêch = radical, ons = terminaison)

Reconnaitre le radical et la terminaison d'un verbe

1 * **Dans chaque phrase, entoure en bleu le radical du verbe et en rouge sa terminaison.**

a. Le feu passe au vert.

b. L'été dernier, le temps passait doucement.

c. Demain, tu passeras à la maison.

2 * **Classe les verbes dans le tableau.**

verbe *entendre*	verbe *gagner*	verbe *faire*

j'entends • elle gagnera • vous faites • ils ont gagné • ils faisaient • nous avons entendu • tu gagnais • il entendait • je fais

3 * **Dans chaque phrase, recopie le verbe et entoure sa terminaison.**

a. Les dents de lait poussent de l'âge de six mois à deux ans.

b. Le bambou pousse très vite.

c. Tu pousses ta valise à roulettes.

d. Nous poussons les cartons dans l'entrée.

4 ** **Associe le radical aux terminaisons pour écrire des verbes conjugués.**

Il y a deux verbes conjugués possibles pour chaque radical.

chant ○	○ issent
fin ○	○ e
pleur ○	○ it
grand ○	○ ent

Reconnaitre les verbes conjugués

Défi langue

Pourquoi un mot est-il écrit en gras dans la liste ? Explique ta réponse.

crions • cries • crie • **crier** • criera

5 * **Dans chaque liste, tous les verbes sont conjugués sauf un. Recopie les listes sans l'intrus.**

a. marcher • marchais • marchera • marchons

b. finis • finiront • finir • finit

c. applaudissons • applaudir • applaudit • applaudis

d. gagnerons • gagna • gagnent • gagner

6 ** **Complète les phrases avec le verbe conjugué qui convient.**

trouverai | avons trouvé | trouve

a. En balayant la maison, nous … une pièce.

b. L'arrêt de bus se … sur mon trajet.

c. En cherchant bien, je … le trésor.

7 ** **Relève tous les verbes conjugués dans le texte.**

Je suis drôlement content, parce que Mémé vient passer quelques jours à la maison. Mémé, c'est la maman de ma maman, je l'aime beaucoup, et elle me donne tout le temps des tas de chouettes cadeaux. Papa devait sortir plus tôt de son travail pour aller chercher Mémé au train.

Sempé, Goscinny, *Le Petit Nicolas*, © IMAV Éditions.

8 ** **Dans chaque phrase, souligne le verbe conjugué et entoure le verbe à l'infinitif.**

a. Il est dangereux de se pencher à la fenêtre du train.

b. Le dimanche, j'aime marcher dans la forêt.

c. Ne donnez pas à manger aux animaux du zoo.

d. Il faut continuer tout droit pour aller chez ma tante.

e. Pense à réviser ta leçon.

f. Nous avons le temps de gouter.

J'écris

9 ** **Décris la scène avec les verbes proposés.**

se battent | crie | court

Conjuguer un verbe (2)

Cherchons

- Devant quels mots sont placés les petits mots en couleur ?
- Comment modifient-ils le verbe ?

Je retiens

- Le verbe varie selon la **personne de conjugaison.**

  je joue (1re personne du singulier)
  tu joues (2e personne du singulier)
  il, elle joue (3e personne du singulier)
  nous jouons (1re personne du pluriel)
  vous jouez (2e personne du pluriel)
  ils, elles jouent (3e personne du pluriel)

- Les petits mots qui accompagnent le verbe conjugué s'appellent les **pronoms personnels**. Ils indiquent à quelle personne est conjugué le verbe.
- Les pronoms personnels remplacent un nom.
  ***Julie** joue dans le parc.* → ***Elle** joue dans le parc.*

Reconnaitre les personnes de conjugaison

1 ★ Associe le pronom personnel au nom qu'il peut remplacer.

il ○	○ le chien
elle ○	○ les maitresses
ils ○	○ la pluie
elles ○	○ les passants

Défi langue

Quel pronom ne peut pas être remplacé par un nom ? Explique ta réponse.
elle arrive • je monte • il joue

2 ★ **Classe les verbes et leur pronom dans le tableau.**

verbes au singulier	verbes au pluriel

je travaille • vous écoutez • elles soulignent • tu colles • ils dessinent • nous copions • elle range • il écrit • nous lisons

Pour les exercices 3 et 4, observe bien le verbe jouer dans le « Je retiens » pour trouver la bonne terminaison.

3 ★★ **Complète les verbes avec la bonne terminaison : *-e* ou *-es*.**
a. Tu écout… de la musique.
b. Elle attrap… un rhume.
c. Tu rang… ta trousse dans ton cartable.
d. Il arriv… en avance.
e. Je rêv… toutes les nuits.

4 ★★ **Complète les verbes avec la bonne terminaison: *-ons*, *-ez* ou *-ent*.**
a. Nous aim… les bonbons.
b. Vous jou… au football.
c. Elles regard… la télévision.
d. Nous préfér… aller au cinéma.

Utiliser les pronoms personnels

5 ★ **Complète les phrases avec *je*, *tu*, *nous* ou *vous*.**
a. … allons à la piscine le mercredi.
b. Est-ce que … apprenez à plonger ?
c. Est-ce que … vas aussi te baigner ?
d. … n'ai pas pris mes lunettes de piscine.

6 ★★ **Complète les phrases avec le pronom personnel qui convient.**
a. *Je* • *Tu*
… cherche un numéro de téléphone.
b. *Nous* • *Vous*
… encouragez votre équipe préférée.
c. *Elle* • *Elles*
… préfèrent jouer à la poupée.
d. *Ils* • *Il*
… adore aller à la patinoire.
e. *Vous* • *Nous*
… retrouvons nos amis au parc.

7 ★★ **Complète les phrases avec *il*, *elle*, *ils* ou *elles*.**
a. … est heureuse de déménager.
b. … est grand pour son âge.
c. … sont contents de se retrouver.
d. … sont trop petites pour aller à l'école.

8 ★★ **Complète les verbes avec un pronom personnel qui convient.**
… apprenons • … lisent • … écrivez • … joues • … colorient • … découpe

J'écris

9 ★★ **Enzo et Tom n'ont pas l'air d'accord. Écris la suite de leur dialogue.**
– J'ai gagné le sac de billes, il ne te reste plus qu'une seule bille.
– Ah non, ce n'est pas ce qu'on avait dit !

10 ★★ **Imagine ce que se disent Léa et son ami Paul.**

Le présent des verbes en *-er* comme *chanter* (1er groupe)

Cherchons

Nils, un garçon farceur et méchant, aime jouer de vilains tours aux animaux de la ferme.
Un jour, le jeune Nils Holgersson **reste** seul dans la ferme de ses parents. Il **attrape** dans un filet un tomte, un petit lutin suédois, et il **s'amuse** avec lui. Mais le lutin réussit à s'échapper et, pour punir Nils, il lui **donne** sa petite taille et son bonnet pointu. Dans la basse-cour, tous les animaux **se moquent** de lui.

Françoise de Guibert, *Mon premier Larousse des héros*, © Larousse.

- **À quel temps sont conjugués les verbes en couleur ? Quel est leur infinitif ?**
- **Quelle est la terminaison de tous les verbes en *-er* à la 3e personne du singulier et du pluriel au présent ?**

Je retiens

- Pour former le présent des verbes en **-er** comme *chanter* (1er groupe), on ajoute au radical les terminaisons -e, -es, -e, -ons, -ez, -ent.

chanter
je chante
tu chantes
il, elle chante
nous chantons
vous chantez
ils, elles chantent

! Les trois personnes du singulier et la 3e personne du pluriel se prononcent de la même façon, mais s'écrivent différemment !

Reconnaître les verbes en -er conjugués au présent

1 * **Recopie uniquement les verbes en *-er*.**
a. il mange • vous portez • je discute • il dort
b. elle joue • tu pleures • elle prend • il crie
c. tu finis • nous donnons • vous cachez • j'allume

Défi langue

Pourquoi deux verbes sont-ils écrits en gras dans la liste ? Comment as-tu fait pour trouver la réponse ?
je nage • **s'amuser** • tu files •
nous rangeons • **vous rangiez**

2 ★ **Dans chaque liste, il y a un verbe qui n'est pas conjugué au présent. Recopie chaque liste sans l'intrus.**

a. tu trouves • tu as cherché • je nage • nous tombons

b. je reste • vous agitez • vous pensiez • je demande

c. il soupirait • tu actionnes • elles chantent • il respire

Conjuguer au présent les verbes en -er

3 ★ **Associe le pronom personnel à la forme conjuguée qui convient.**

Tu ○	○ aimons les voyages.
Elle ○	○ aimes les voyages.
Nous ○	○ aiment les voyages.
Ils ○	○ aime les voyages.

4 ★ **Complète la terminaison des verbes au présent.**

a. Le joueur tir… un penalty.

b. L'arbitre siffl… la fin du match.

c. Les spectateurs cri… .

d. Tu chant… pour encourager ton équipe.

e. Nous aim… beaucoup les frites !

5 ★ **Complète les phrases avec les verbes de la liste.**

brillent • referme • achetons • bavarde

a. Je … le couvercle de la boite.

b. Il … avec sa voisine.

c. Les pierres précieuses … dans le coffre.

d. Nous … des déguisements pour défiler.

6 ★ **Recopie les phrases en choisissant la forme verbale qui convient.**

a. Nous *(dinons • dinent)* avant le spectacle.

b. Il *(trotte • trottent)* sur le chemin.

c. Vous *(marcher • marchez)* dans la forêt.

d. Elles *(tire • tirent)* la ficelle.

e. Tu *(écoutes • écoute)* les oiseaux chanter.

7 ★★ **Remplace chaque verbe en gras par le verbe entre parenthèses en le conjuguant au présent.**

a. Tu **chantes** bien ! *(parler)*

b. Nous **nageons** dans la piscine. *(sauter)*

c. Il **téléphone** à ses grands-parents. *(s'adresser)*

d. Les voyageurs **examinent** une carte. *(observer)*

8 ★★ **Complète les phrases avec les verbes de la liste conjugués au présent.**

regarder • jouer • chercher • chanter

a. Tous les lundis, nous … à la chorale.

b. Sarah … un dessin animé.

c. Ils … au basket dans un club.

d. Vous ne … pas au bon endroit.

9 ★★ **Recopie les phrases en remplaçant *je* par *tu*.**

a. J'arrose les fleurs.

b. Je pousse un cri.

c. J'arrive à l'école.

d. Je commence l'exercice.

J'écris

10 ★★ **Décris la scène en utilisant les verbes *danser*, *écouter* et *chanter* conjugués au présent.**

Le présent des verbes *être* et *avoir*

Cherchons

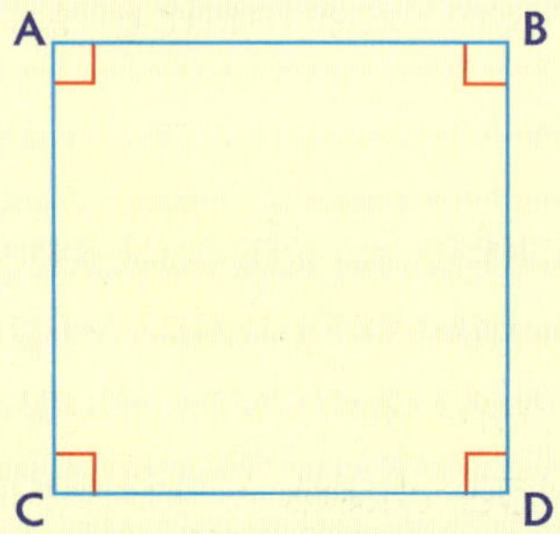

Le carré **est** une figure géométrique qui **a** quatre côtés de même longueur. Il **a** quatre sommets. Ses quatre angles **sont** des angles droits.

- **Observez les verbes en orange et les verbes en vert.**
- **Quel est leur infinitif ?**
- **À quelles personnes correspondent *est* et *sont* ?**

Je retiens

- Les verbes ***être*** et ***avoir*** sont des **verbes irréguliers.** On les appelle des **auxiliaires** quand ils aident à conjuguer d'autres verbes.

être	**avoir**
je suis	j'ai
tu es	tu as
il, elle est	il, elle a
nous sommes	nous avons
vous êtes	vous avez
ils, elles sont	ils, elles ont

Reconnaitre le présent des verbes être et avoir

1 * **Dans chaque liste, recopie uniquement les verbes *être* et *avoir* conjugués au présent.**

a. tu as • ils ont • elles vont • j'ai

b. il a • nous avons • vous aviez • elles ont

c. tu es • il est • nous sommes • tu étais

d. je suis • elles sont • elle suit • vous êtes

2 ** **Relève dans le texte les formes conjuguées du verbe *être*.**

Dans les orages, ce n'est pas le tonnerre qui est dangereux, même si son grondement est terrifiant. Ce sont les éclairs qui sont dangereux, car ils contiennent de grandes quantités d'électricité.

Laure Cambournac, *Mon premier Larousse des pourquoi*, © Larousse.

Défi langue

Comment peux-tu reconnaitre le verbe *avoir* dans cette phrase ?
Il a mal à la tête.

3 ** **Relève dans le texte les formes conjuguées du verbe *avoir*.**

Quelle différence y a-t-il entre une planète et une étoile ?

Une planète a une taille assez importante. Elle a une étoile autour de laquelle elle tourne, on dit qu'elle est en orbite. Huit planètes, dont la Terre, ont le Soleil comme étoile.

Conjuguer au présent les verbes être et avoir

4 * **Associe le pronom personnel à la forme conjuguée qui convient.**

Tu ○	○ sont en pleine forme.
Il ○	○ êtes en pleine forme.
Elles ○	○ suis en pleine forme.
Nous ○	○ est en pleine forme.
Vous ○	○ es en pleine forme.
Je ○	○ sommes en pleine forme.

5 * **Complète les phrases avec le verbe *être* conjugué au présent.**

a. Nous … contents de vous voir.
b. Je … en avance.
c. Il … tout rouge.
d. Ils … en vacances.

6 * **Complète les phrases avec le verbe *avoir* conjugué au présent.**

a. J'… de la chance.
b. …-vous un chien ?
c. Ils … des soucis.
d. Tu … de la fièvre.

7 ** **Complète les phrases avec les verbes *être* ou *avoir* conjugués au présent.**

a. Tu … besoin de nouvelles chaussures.
b. Nous … peur des loups.
c. Je … souvent chez Léa le mercredi.
d. On … tort de se fâcher.

8 ** **Réponds aux questions en faisant des phrases.**

As-tu des frères et des sœurs ?
→ Oui, j'ai un frère.

a. As-tu un animal ?
b. Es-tu gourmand ?
c. As-tu peur des chiens ?
d. Es-tu sportif ?

9 ** **Écris trois questions en t'aidant de l'exercice 8.**

10 À l'oral **Choisis dans ta tête quelqu'un de ta classe et décris-le en utilisant les verbes *être* et *avoir* au présent. Tes camarades doivent le reconnaitre.**

J'écris

11 * **Sers-toi de la carte d'identité pour décrire Sacha.**

Utilise être et avoir conjugués au présent.

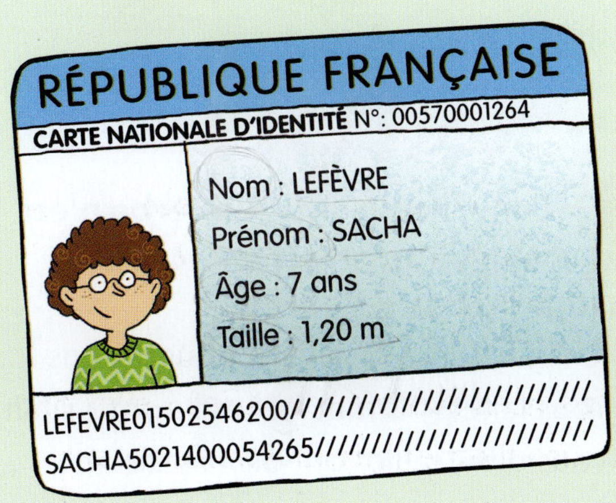

Le présent des verbes *faire* et *dire* (3e groupe)

Cherchons

Dans un village d'Amazonie vit un enfant qui fait des colères terribles.
Quand l'enfant reprend son souffle, on lui donne vite ce qu'il veut pour qu'il ne se mette plus en colère. Un jour, il **fait** une très grosse colère. Vraiment trop grosse. Alors ses parents **disent** : « Cet enfant ne peut pas continuer à nous terroriser. Il faut trouver quelqu'un pour le calmer. Nous allons l'envoyer à l'école. »

Agnès Bertron, *Une très, très grosse colère*, © Éditions Milan.

- **Observez les verbes en couleur et donnez leur infinitif.**
- **À quel temps sont conjugués ces deux verbes ?**

Je retiens

- Les verbes ***faire*** et ***dire*** (3e groupe) ont une **conjugaison irrégulière.**

faire	**dire**
je fais	je dis
tu fais	tu dis
il, elle fait	il, elle dit
nous faisons	nous disons
vous **faites**	vous **dites**
ils, elles font	ils, elles disent

! Les trois personnes du singulier se prononcent de la même façon, mais s'écrivent différemment !

Reconnaitre le présent des verbes faire et dire

1 ★ **Dans chaque liste, un verbe n'est pas conjugué au présent. Recopie chaque liste sans l'intrus.**

a. je fais • tu fais • il a fait • nous faisons
b. vous faites • ils font • elles feront • il fait
c. vous dites • elles ont dit • ils disent • nous disons

2 ★ **Recopie les phrases et souligne les verbes *faire* et *dire*.**

a. Nous faisons du roller dans le parc chaque après-midi.
b. Mes sœurs se disent tout.
c. Tu fais tes devoirs avant de gouter.
d. Ma mère me dit de rentrer tôt.
e. Vous faites une cabane dans le jardin.
f. Que faites-vous dans votre chambre par un si beau temps ?

Défi langue

Comment peux-tu reconnaitre le verbe *faire* dans cette phrase ?
Au fait, que faites-vous pendant les vacances ?

Conjuguer au présent les verbes faire et dire

3 ★ Associe le pronom personnel à la forme conjuguée qui convient.

je ○	○ fais
tu ○	○ faisons
elle ○	○ fais
nous ○	○ font
vous ○	○ fait
ils ○	○ faites

4 ★ Recopie les phrases en choisissant la forme verbale qui convient.
a. Il *(fais • fait)* attention à ses affaires.
b. Je *(fais • fait)* beaucoup de sport.
c. Nous *(faisons • font)* une fête dimanche.
d. Ils *(fait • font)* le trajet ensemble.

5 ★ Recopie les phrases en choisissant la forme verbale qui convient.
a. Je *(dis • dit)* la même chose que toi !
b. Elles *(dis • disent)* n'importe quoi.
c. Vous *(dit • dites)* que le paysage est magnifique.
d. Tu *(dis • dit)* un secret à ton ami.

6 ★★ Réécris les phrases à la 2e personne du pluriel.
a. Tu fais des exercices de français.
b. Tu fais du feu dans la cheminée.
c. Tu fais les courses.
d. Si tu fais le chemin à l'envers, tu retournes à ton point de départ.

7 ★★ Complète les phrases avec le verbe *dire* ou *faire* conjugué au présent.
a. Elle … la vérité.
b. Tu … une erreur.
c. Nous … bonjour à la maitresse.
d. Ils … de la musique.
e. Vous … des gâteaux pour l'anniversaire de Suzanne.

8 ★★ Réponds aux questions en faisant des phrases.
a. Quel jour fais-tu du sport à l'école ?
b. Où faites-vous vos devoirs ?
c. Que dis-tu à ta sœur ?
d. Comment dit-on « bonjour » en anglais ?

J'écris

9 ★★ Décris ce que font les personnages sur les illustrations. Imagine ce que se disent les deux garçons.

Le présent des verbes *aller* et *prendre* (3e groupe)

Cherchons

Les rivières **prennent** leur source dans les montagnes. Elles se jettent dans les fleuves et les fleuves **vont** tous dans la mer. Sur ce parcours, l'eau peut être polluée par des produits qui viennent des eaux usées des maisons, des engrais dans les champs… Il faut alors nettoyer l'eau.

- **Observez les verbes en orange. Quel est leur infinitif ?**
- **Conjuguez les verbes *aller* et *prendre* au présent.**

Je retiens

- Les verbes ***aller*** et ***prendre*** (3e groupe) ont une **conjugaison irrégulière.**

aller	**prendre**
je vais	je prends
tu vas	tu prends
il, elle va	il, elle prend
nous allons	nous prenons
vous allez	vous prenez
ils, elles vont	ils, elles prennent

Reconnaitre le présent des verbes aller et prendre

1 * **Dans chaque liste, une forme du verbe *aller* n'est pas au présent. Recopie chaque liste sans l'intrus.**

a. je vais • j'irai • nous allons • vous allez

b. tu vas • vous allez • ils vont • nous allions

c. il va • nous allons • je vais • elle allait

2 * **Dans chaque liste, une forme du verbe *prendre* n'est pas au présent. Recopie chaque liste sans l'intrus.**

a. tu prends • elle prend • nous prenions • nous prenons

b. je prends • tu prenais • elles prennent • vous prenez

c. il prend • j'ai pris • nous prenons • ils prennent

Défi langue

Pourquoi deux verbes sont-ils en gras dans la liste ? Explique ta réponse.
prenions • prenons • prend • **prendre**

Conjuguer au présent les verbes aller et prendre

3 ✶ **Associe le pronom personnel à la forme conjuguée qui convient.**

Je ○	○ prenez le bon chemin.
Tu ○	○ vais au cinéma.
Elle ○	○ vont au cinéma.
Vous ○	○ prenons notre temps.
Ils ○	○ prends le vélo.
Nous ○	○ va au cinéma.

4 ✶ **Recopie les phrases en choisissant la forme verbale qui convient.**

Vérifie si la personne de conjugaison est au singulier ou au pluriel.

a. Chaque lundi, je *(vais • va)* au restaurant.
b. Elles *(va • vont)* en Espagne l'été.
c. Nous *(va • allons)* voir nos grands-parents.
d. Il *(va • vont)* au marché.
e. Où *(va • vas)*-tu ?

5 ✶ **Conjugue les verbes au présent, à la 1re et à la 3e personne du singulier.**
a. prendre froid
b. comprendre l'anglais
c. attendre le train
d. prendre un cachet
e. aller bien

6 ✶✶ **Complète les phrases avec le verbe *aller* conjugué au présent.**
a. Nous … bien.
b. Où …-tu ?
c. Il … jouer avec ses amis.

7 ✶✶ **Complète les phrases avec le verbe *aller* conjugué au présent.**
a. Nous … partir ensemble.
b. Tu … jouer longtemps ?
c. Vous … être en retard !
d. Je … à la patinoire.

8 ✶✶ **Complète les phrases avec le verbe *prendre* conjugué au présent.**
a. Quand …-tu le train ?
b. Je … rendez-vous pour me faire couper les cheveux.
c. Elles … un sac pour la journée.
d. Nous … le bateau pour aller sur l'ile.

9 ✶✶ **Complète les phrases avec le verbe *prendre* conjugué au présent.**
a. Les fleuves … leur source en montagne.
b. En économisant l'eau on…. soin de la planète.
c. Je … l'eau de pluie pour arroser mes plantes.
d. Il … le bateau pour aller d'un village à l'autre.

10 ✶✶ **Réponds aux questions en faisant des phrases.**
a. Est-ce que tes amis vont souvent au parc ?
b. Est-ce que tu vas à la cantine ?
c. Où allez-vous après l'école ?

J'écris

11 ✶ **Écris une phrase au présent avec chaque expression.**
prendre la route • prendre l'air • aller mieux

Je révise

Reconnaitre le présent des verbes conjugués

1 * **Recopie uniquement les verbes en *-er* conjugués au présent.**

tu finis • il range • elle lave • vous perdez • ils rêvent • vous faites • ils disent • il a • nous parlons • ils mélangent • nous buvons • nous sommes • vous chantez

2 * **Dans chaque liste, recopie uniquement les verbes conjugués au présent.**

a. je ferai • nous faisons • vous faites • tu fais
b. il dit • tu disais • ils disent • vous dites
c. il prend • nous prenons • vous prenez • elles prenaient
d. vous allez • il est allé • je vais • nous allons
e. j'ai • nous avons • vous aviez • tu as
f. il est • ils sont • tu es • il sera

3 ** **Relève les verbes conjugués au présent dans le texte.**

Nous sommes les poulettes,
Les fleurs du poulailler.
Nous picorons l'herbette
Et pondons des œufs frais.

Gérard Moncomble, Michel Piquemal, *Théâtre pour de rire*, © Magnard.

4 ** **Associe le verbe conjugué à son infinitif.**

ils agitent ○	○ faire
tu emmènes ○	○ nettoyer
vous faites ○	○ emmener
nous disons ○	○ agiter
tu nettoies ○	○ soulever
je soulève ○	○ dire

Conjuguer au présent

5 * **Associe le pronom personnel à la forme conjuguée qui convient.**

je ○	○ dit
nous ○	○ font
vous ○	○ dis
ils ○	○ faisons
elle ○	○ prends
tu ○	○ va
on ○	○ prenez

6 * **Complète les verbes avec les pronoms personnels *je*, *tu*, *il* ou *ils*.**

Il peut y avoir plusieurs solutions.

… récite • … font • … dit • … racontent • … joues • … va • … portent • … fait • … prends • … disent • … discute • … fais • … vont • … prépares • … grandis

7 * **Complète la terminaison des verbes. Ils sont conjugués au présent.**

a. Le téléphone sonn… .
b. Ils approch… de la caverne.
c. Nous lanç… des cailloux dans l'eau.
d. Vous trouv… un nid.
e. Les oiseaux rassembl… les brindilles.

8 ** **Réécris les phrases en mettant le pronom personnel au pluriel.**

a. Je suis heureux.
b. Tu as chaud.
c. Il est là depuis ce matin.
d. J'ai faim.
e. Elle copie vite.
f. Tu es toujours en retard !

9 ** **Complète avec le verbe *avoir* ou *être* conjugué au présent.**

a. Le renard … un animal réputé pour sa ruse.
b. J'… besoin d'aide.
c. Je … dans la forêt.
d. Vous … encore en retard.
e. Nous … tous présents.

10 ** **Dans chaque phrase, souligne le verbe conjugué au présent et écris son infinitif.**

a. Pendant la récréation, tu joues avec moi.
b. À la piscine, vous fermez les yeux.
c. Les canards plongent dans l'eau froide de la mare.
d. Nous poussons le chariot entre les rayons.
e. Il chasse le chat à coups de balai.

11 ** **Fais toutes les associations possibles avec les mots des colonnes.**

	○ faisons
tu ○	○ vont
vous ○	○ prends
ils ○	○ allez
nous ○	○ fais
	○ jouez

12 ** **Écris les verbes entre parenthèses au présent.**

Une petite maison *(être)* très ennuyée : elle *(avoir)* un toit, des fenêtres, des murs, mais elle n'*(avoir)* pas de porte ! C'*(être)* bien préoccupant ! Elle *(aller)* demander de l'aide à tous les personnages qui *(passer)* devant elle ; mais ils *(être)* tous très occupés !

Théâtre en scène, tome 1, © Magnard.

13 ** **Réécris les phrases à la 1re et à la 3e personne du pluriel.**

a. Je fais du vélo.
b. Je dis des poèmes.
c. Je prends le chemin de droite.
d. Je vais à droite.

14 ** **Réécris les phrases à la 1re et à la 2e personne du singulier.**

a. Vous tirez les rideaux.
b. Elles reculent vers la sortie.
c. Ils sautent de joie.
d. Nous regardons la télévision.

15 ** **Conjugue les verbes entre parenthèses au présent.**

a. Je *(être)* toute la journée à la maison.
b. Ils *(avoir)* des cailloux dans la poche.
c. Tu *(être)* en train de tomber malade.
d. Tu *(avoir)* quelques jours de vacances.

J'écris

16 * **Décris ce dessin en t'aidant des verbes de la liste.**

manger • voler • monter • pêcher • être • avoir

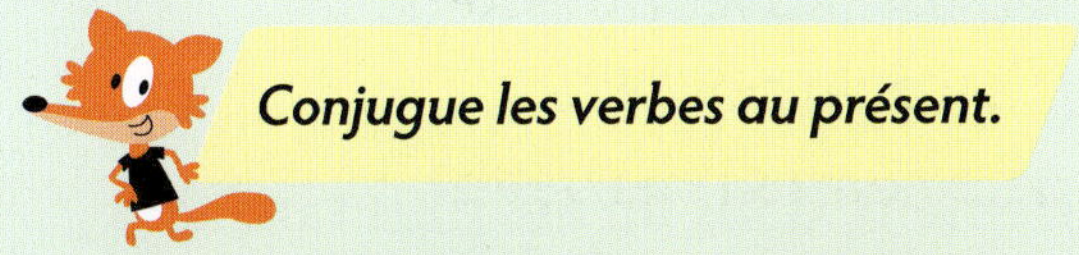

Le futur des verbes en *-er* comme *chanter* (1er groupe)

Cherchons

Aujourd'hui, nous chantons en classe.

Dans quelques années, mes amis et moi, nous **chanterons** dans notre groupe.

- Pouvez-vous dire quand se passent les deux scènes ?
- À quel temps est conjugué le verbe en orange ? Quel groupe de mots vous l'indique ?
- Quel est l'infinitif de ce verbe ?

Je retiens

- Le **futur** est un temps utilisé pour parler de **ce qui va se passer** bientôt, demain, dans un an, plus tard…
- Pour conjuguer les verbes en **-er** comme *chanter* (1er groupe) au futur, on écrit l'**infinitif du verbe** et on ajoute les **terminaisons du futur** : -ai, -as, -a, -ons, -ez, -ont.

chanter
je chanterai
tu chanteras
il, elle chantera
nous chanterons
vous chanterez
ils, elles chanteront

! À la 2e personne et à la 3e personne du singulier, les verbes se prononcent de la même façon mais s'écrivent différemment : *tu chanter**as**, il chanter**a***.

Reconnaitre le futur des verbes en -er comme chanter

1 ★ **Dans chaque liste, un verbe n'est pas au futur. Recopie chaque liste sans l'intrus.**

a. je parlerai • nous formerons • ils changent • vous marcherez

b. tu écouteras • elle fabrique • il coulera • nous bouderons

c. nous dessinons • vous trouverez • elles rangeront • elle coupera

Défi langue

Les verbes en gras sont-ils tous conjugués au futur ? Explique ta réponse.

a. Demain, j'**arriverai** le premier à l'école.

b. Nous **roulerons** à bicyclette.

c. Nous **mangerons** tout notre gouter.

d. Nous **accrochons** notre manteau.

2 ★ **Associe chaque verbe conjugué à son infinitif.**

nous jouerons ○	○ donner
ils donneront ○	
vous parlerez ○	○ parler
je donnerai ○	
il jouera ○	○ jouer

Conjuguer au futur les verbes en -er comme chanter

3 ★ **Complète avec un pronom personnel qui convient.**

... visiterons • ... regarderai • ... joueras • ... comparerez • ... préférera

4 ★ **Conjugue les verbes entre parenthèses au futur.**

a. Nous *(chanter)* juste.

b. Ils *(coller)* leur exercice.

c. Tu *(compter)* tes billes.

5 ★ **Réécris les phrases en remplaçant *il* par *tu*.**

a. Il rangera le grenier.

b. Il arrêtera le but.

c. Il regardera la télévision.

d. Il quittera le terrain.

6 ★★ **Complète les phrases avec les verbes de la liste conjugués au futur.**

observer • commander • rencontrer • tomber • dépêcher

a. Au restaurant, tu ... le plat de ton choix.

b. Vous ... plusieurs fois avant de réussir à patiner.

c. Ils ... les animaux de la forêt en silence.

d. La semaine prochaine, nous ... nos nouveaux voisins.

7 À l'oral **Imagine et raconte à ton voisin ce que tu feras quand tu seras grand(e) en utilisant des verbes en -*er*.**

J'écris

8 ★★ **Demain, Mehdi aura une journée bien chargée ! Aide-toi des dessins pour raconter sa journée.**

Demain matin, Mehdi...

Le futur des verbes *être* et *avoir*

Cherchons

Valentin,

Quand tu **seras** à la maison, tu **auras** sûrement faim et il **sera** trop tard pour aller à la boulangerie. Tu peux grignoter des petits gâteaux en nous attendant. Nous **serons** de retour dans une demi-heure.

Papa et Maman

- À quel temps sont conjugués les verbes en vert ? Quel est leur infinitif ?
- Conjuguez ces deux verbes à toutes les personnes du futur.

Je retiens

- Au futur, les verbes ***être*** et ***avoir*** changent de radical.

être	**avoir**
je serai	j'aurai
tu seras	tu auras
il, elle sera	il, elle aura
nous serons	nous aurons
vous serez	vous aurez
ils, elles seront	ils, elles auront

Reconnaitre le futur des verbes être et avoir

1 * **Recopie chaque liste sans l'intrus.**

a. nous serons • vous serez • vous êtes • ils seront

b. je serai • je serais • tu seras • il sera

c. vous serez • elles seront • nous serions • elle sera

2 * **Recopie chaque liste sans l'intrus.**

a. nous aurons • vous avez • vous aurez • elles auront

b. ils auront • j'avais • il aura • vous aurez

c. j'aurai • elle aura • nous avons eu • tu auras

3 * **Recopie uniquement les phrases écrites au futur.**

a. Demain, nous aurons une belle journée.
b. Tu es trop pressé.
c. Il sera vite remis de la fatigue du voyage.
d. Après la piscine, vous aurez faim.
e. Hier, j'étais chez mes grands-parents.
f. Nous sommes heureux d'accueillir nos cousins pour les vacances.

Conjuguer au futur les verbes être et avoir

4 * **Associe le pronom personnel à la forme verbale qui convient.**

J' ○	○ auras de la chance.
Tu ○	○ aurons de la chance.
Il ○	○ aurai de la chance.
Elles ○	○ aurez de la chance.
Nous ○	○ aura de la chance.
Vous ○	○ auront de la chance.

Défi langue

Complète les phrases avec la forme verbale correcte. Explique tes choix.

a. *sera • seras*
Tu … bientôt en vacances.
Elle … à la campagne.

b. *aura • auras*
Il … 10 ans l'été prochain.
Tu … un gâteau d'anniversaire.

c. *serons • seront*
…-ils en tenue de sport ?
Nous … certainement en avance.

5 ** **Complète les phrases avec le verbe *être* conjugué au futur.**

a. Il … à l'heure.
b. Je … heureux de voir ce film.
c. Nous … plusieurs à prendre le bateau.
d. Tu … toujours bienvenu chez nous.
e. Elles … en vacances demain.

6 ** **Complète les phrases avec le verbe *avoir* ou *être* conjugué au futur.**

a. J'… 8 ans dans trois mois.
b. Nous … nombreux à fêter cet anniversaire.
c. Vous … tous un cadeau surprenant.
d. Les invités … tous déguisés pour l'occasion.
e. …-tu l'autorisation de venir ?

7 ** **Complète les phrases avec le pronom personnel qui convient.**

N'oublie pas la majuscule en début de phrase.

a. … ne serons pas présents demain.
b. Seront-… prêts pour leur contrôle ?
c. … serai en voyage toute la semaine.
d. … sera très jolie dans ce déguisement.

8 ** **Réécris les phrases au futur.**

a. Nous avons un jardin.
b. Il est guéri.
c. Tu es à la piscine.
d. J'ai un beau vélo.
e. Avez-vous un animal de compagnie ?

J'écris

9 ** **Tu pars en colonie de vacances demain à 7 heures. Écris un mot à ton petit frère en utilisant les expressions de la liste.**

être loin — être à la maison — avoir de nouveaux amis

Écris ton message au futur.

Demain, quand tu te lèveras…

L'imparfait des verbes en *-er* comme *chanter* (1er groupe) et des verbes *être* et *avoir*

Cherchons

1 Les premières bicyclettes étaient très différentes des vélos d'aujourd'hui. Elles avaient une grande roue à l'avant. Les cyclistes tombaient souvent car ils pédalaient avec difficulté.

2

Aujourd'hui, le vélo est un objet courant. Il est facile d'apprendre à s'en servir.

- À quel temps sont écrites les phrases du texte **1** ? Pour quelle raison ?
- À quel temps sont écrites les phrases du texte **2** ? Pour quelle raison ?
- Donnez l'infinitif des verbes du texte **1**.

Je retiens

- L'**imparfait** est un temps du **passé**.
- À l'imparfait, **tous les verbes ont les mêmes terminaisons** :

-ais, -ais, -ait, -ions, -iez, -aient.

chanter	**être**	**avoir**
je chantais	j'étais	j'avais
tu chantais	tu étais	tu avais
il, elle chantait	il, elle était	il, elle avait
nous chantions	nous étions	nous avions
vous chantiez	vous étiez	vous aviez
ils, elles chantaient	ils, elles étaient	ils, elles avaient

! Les trois personnes du singulier et la 3e personne du pluriel se prononcent de la même façon mais s'écrivent différemment !

Reconnaitre l'imparfait des verbes en -er comme chanter et des verbes être et avoir

1 ★ **Recopie uniquement les verbes conjugués à l'imparfait.**

je dessinais • il parlait • vous mangez • ils colorient • vous laviez • tu décorais • elle coupait • il range • tu marchais

2 ★ **Il y a un intrus dans chaque liste. Recopie les listes sans l'intrus.**

a. j'étais • tu seras • il était • nous étions

b. elle avait • vous aviez • nous avons • tu avais

c. il cloua • je clouais • tu clouais • elles clouaient

3 ★★ **Relève les verbes conjugués à l'imparfait dans le texte.**

Un roi, une reine et leur petite princesse vivaient dans un très beau château. Ils étaient heureux parce qu'ils s'aimaient, et aussi parce qu'ils possédaient un âne magique. Voyez-vous, cet âne ne faisait jamais de crottes. À la place, chaque matin, il déposait sur la paille plein de pièces d'or ! Grâce à cette merveille, la vie s'écoulait, belle et sans souci.

D'après Charles Perrault, *Peau d'âne*.

Conjuguer à l'imparfait les verbes en -er comme chanter et les verbes être et avoir

4 ★ **Associe le pronom personnel à la forme conjuguée qui convient.**

je ○	○ coupait
j' ○	○ pleurais
il ○	○ avais
nous ○	○ jouiez
vous ○	○ marchions
elles ○	○ étaient

Défi langue

Recopie les phrases en choisissant la forme verbale qui convient. Explique comment tu fais.

a. La pluie *(tombais • tombait)* sans arrêt depuis une heure.

b. La pêche *(étais • était)* juteuse.

c. Ma sœur *(avaient • avait)* de longs cheveux.

5 ★★ **Conjugue les verbes entre parenthèses à l'imparfait.**

a. Hier, il *(décoller)* encore le papier peint.

b. Autrefois, vous *(laver)* le linge à la main.

c. L'été dernier, j'*(adorer)* me baigner.

d. Les roses *(parfumer)* la maison.

6 ★★ **Réécris les phrases à la 1re personne du pluriel.**

a. J'étais malade tous les hivers.

b. J'avais si chaud que je restais à l'ombre.

c. Je pleurais avant chaque départ.

d. Je préparais le panier du piquenique.

7 ★★ **Réécris les phrases à la 3e personne du pluriel.**

a. Il était toujours à l'heure.

b. Il avait froid tout l'hiver.

c. Elle récitait des poèmes avec plaisir.

d. Elle collectionnait les timbres.

J'écris

8 ★★ **Raconte ce que tu faisais lorsque tu étais au CP.**

Utilise les groupes de mots proposés et conjugue les verbes à l'imparfait.

l'année dernière — avant — au cours préparatoire

Le passé composé des verbes en *-er* comme *chanter* (1er groupe) et des verbes *être* et *avoir*

Cherchons

Bonjour, monsieur le juge, dit la souris, hier, en balayant ma maison, j'**ai trouvé** un sou, je suis allée chez le boucher, j'**ai acheté** de la viande, j'en **ai mangé** la moitié et j'ai mis l'autre moitié sur l'étagère, mais, pendant la nuit, un voleur **est arrivé** et il m'**a volé** la viande ! Qu'est-ce que je peux faire ?

Jihad Darwiche, Christian Voltz, *La Souris et le Voleur*, © Didier Jeunesse.

- Quand la souris a-t-elle découvert le sou ?
- Donnez l'infinitif des verbes en couleur.
- Quel verbe accompagne *trouvé, acheté, mangé* et *volé* ?
- Quel verbe accompagne *arrivé* ?

Je retiens

- Le **passé composé** est un temps du **passé**.
- **Pour tous les verbes**, le passé composé se compose de deux mots : **l'auxiliaire *avoir*** ou ***être* au présent** et le **participe passé** du verbe conjugué.
- Le passé composé des **verbes en *-er*** comme *chanter* (1er groupe) se forme avec **l'auxiliaire *avoir*** ou ***être* au présent** et le **participe passé en *-é*** du verbe conjugué.

j'ai acheté : *ai* = auxiliaire *avoir* ; *acheté* = participe passé du verbe *acheter*

il est arrivé : *est* = auxiliaire *être* ; *arrivé* = participe passé du verbe *arriver*

chanter	**être**	**avoir**
j'ai chanté	j'ai été	j'ai eu
tu as chanté	tu as été	tu as eu
il, elle a chanté	il, elle a été	il, elle a eu
nous avons chanté	nous avons été	nous avons eu
vous avez chanté	vous avez été	vous avez eu
ils, elles ont chanté	ils, elles ont été	ils, elles ont eu

Reconnaître le passé composé des verbes en -er comme chanter et des verbes être et avoir

1 * **Recopie uniquement les verbes conjugués au passé composé.**

a. j'ai lavé • vous avez pédalé • je mangerai
b. elles ont cherché • tu cries • il a pleuré
c. il a bricolé • elle a planté • vous regardez
d. je joue • elles regardent • il a dormi

2 * **Recopie uniquement le verbe *avoir* conjugué au passé composé.**

a. j'ai eu • vous avez été • nous avons
b. tu étais • tu as • vous avez eu • ils ont été
c. tu seras • vous avez • il a eu • elles ont eu

3 * **Recopie uniquement le verbe *être* conjugué au passé composé.**

a. j'ai été • vous avez été • nous sommes
b. elle était • tu as été • il a été • ils ont été
c. tu as eu • vous avez eu • elles ont été

Conjuguer au passé composé les verbes en -er comme chanter et les verbes être et avoir

4 * **Associe le pronom personnel à la forme conjuguée qui convient.**

Tu ○	○ avez mangé au restaurant.
Elle ○	○ n'as pas joué avec nous.
Nous ○	○ ont parlé toute la journée.
J' ○	○ a eu 8 ans.
Vous ○	○ n'avons pas dansé.
Ils ○	○ ai été seul.

5 * **Complète chaque phrase avec le pronom personnel qui convient : *il*, *je* ou *nous*.**

a. … a mangé une pomme.
b. … avons travaillé longtemps.
c. … suis tombée dans l'escalier.
d. … a envoyé un SMS.
e. … sommes passés par la forêt.

6 ** **Trouve le pronom personnel qui correspond à la forme conjuguée.**

a. … ont été rapides.
b. … avez écouté cette musique.
c. … es resté à la maison.
d. … suis rentré tard.

Défi langue

Choisis la forme verbale qui convient pour écrire des phrases au passé composé. Explique tes choix.

a. Nous *(avons jeté • ont jeté)* les cartons.
b. Tu *(a taché • as taché)* la nappe.

7 *** **Recopie les verbes en gras s'ils sont conjugués au passé composé.**

Dimanche, nous **sommes allés** nous **promener** en forêt. J'**ai ramassé** des châtaignes avec mon frère. Pendant que nos parents **se promenaient**, nous **avons fabriqué** une cabane. En rentrant à la maison, nous **avons invité** des amis à **jouer**.

8 À l'oral **Raconte ce que tu as fait ce matin avant d'arriver à l'école. Utilise le passé composé.**

J'écris

9 ** **Raconte la journée de ces enfants à la mer en utilisant les verbes proposés.**

nager • manger • jouer • creuser • ramasser

Conjugue les verbes au passé composé.

Je révise

Reconnaitre les verbes au futur

1 * Associe chaque verbe conjugué à son infinitif

je tracerai ○	○ marcher
nous réclamerons ○	○ jouer
tu complèteras ○	○ réclamer
ils joueront ○	○ compléter
elle marchera ○	○ tracer

2 * Dans chaque liste, un verbe n'est pas au futur. Recopie les listes sans l'intrus.

a. tu dessineras • il dessina • il dessinera • je dessinerai

b. nous aurons • j'aurai • tu auras • vous auriez

c. il sera • nous serons • je serai • il est

d. nous danserons • elle dessinera • tu avais • vous écrirez

3 * Classe les verbes dans le tableau.

verbes au présent	verbes au futur

ils parleront • je chante • tu cuisineras • tu laves • vous trouverez • je marcherai • elle porte • vous dessinez

4 * Recopie uniquement les phrases écrites au futur.

a. Les animaux se dirigent rapidement vers les points d'eau.

b. Les éléphants arriveront les premiers.

c. Je mangerai à la cantine.

d. Vous rentrez directement à la maison.

e. Tu feras tes devoirs dès ton retour.

f. Ali et Maud vont à pied à la patinoire.

Conjuguer au futur

5 * Recopie les phrases en choisissant la forme verbale au futur.

a. Quand tu viendras, le chien *(saute • sautera)* contre la clôture.

b. Je *(commencerai • commençais)* mon exposé dans quelques minutes.

c. Demain, vous *(jardinez • jardinerez)* toute la journée.

6 ** Complète les phrases avec les verbes *avoir* ou *être* conjugués au futur.

a. Quand je … grand, je … journaliste.

b. Tu … souvent en voyage.

c. Nous … toujours amis.

d. Ils … du temps pour se voir.

7 ** Réécris les phrases au futur.

a. J'ai froid.

b. Vous avez une voiture rouge.

c. Elle a un ordinateur portable.

d. Nous sommes à la maison.

Reconnaitre les verbes à l'imparfait et au passé composé

8 * Recopie uniquement les phrases écrites à l'imparfait.

a. Hier, tu éternuais sans arrêt.

b. Mercredi prochain, j'irai à la piscine.

c. Nous marchions à pas lents.

9 * Recopie uniquement les phrases écrites au passé composé.

a. J'ai un secret.

b. J'ai eu une bonne nouvelle ce matin.

c. Mon grand-père a semé des haricots.

10 ★ **Classe les phrases dans le tableau.**

verbes à l'imparfait	verbes au passé composé

a. Les plantes ont poussé.
b. Je passais chaque été en Corse.
c. Nous étions contents de nous revoir.
d. Des hirondelles ont traversé le ciel.
e. Quand j'étais petite, j'aimais beaucoup les manèges.
f. Dimanche dernier, je suis allée au lit très tôt.

11 ★ **Pour chaque phrase, indique si le verbe est conjugué au présent ou au passé composé.**
a. Nous avons peur.
b. Vous avez eu chaud.
c. Ils ont eu de la pluie.
d. Elles ont du vent.
e. Vous avez du courage.
f. J'ai lu le dernier *Titeuf*, et toi ?

Conjuguer à l'imparfait et au passé composé

12 ★ **Recopie les phrases en choisissant la forme verbale à l'imparfait.**
a. Le bébé *(tombe • tombait)* à chaque pas.
b. En faisant mes devoirs, je *(rencontrais • rencontrerai)* toujours une difficulté.
c. Nous *(parlons • parlions)* trop fort, la voisine a sonné à la porte.
d. Les pilotes *(abordent • abordaient)* le virage.
e. Le soleil *(disparaissait • disparaitra) derrière les nuages.*

13 ★ **Complète les phrases avec *parlais, parlaient, parliez*.**
a. De quoi ...-vous ?
b. Tu ... trop vite, je ne comprenais rien.
c. Ils ... pendant des heures.

14 ★ **Recopie les phrases en choisissant la forme verbale au passé composé.**
a. Il *(a fermé • fermait)* le couvercle.
b. Elles *(ont parlé • parlaient)* des heures.
c. Vous *(sonnez • avez sonné)* en arrivant.
d. Le chat *(miaule • a miaulé)* en rentrant.
e. Akim *(a progressé • progresse)* en judo.

15 ★ **Recopie les phrases en choisissant le pronom personnel qui convient.**
a. *(Il • Ils)* ouvrait la fenêtre.
b. *(Elle • Elles)* décoraient le sapin.
c. *(Je • Vous)* chantiez à tue-tête.
d. *(Tu • Il)* t'essuyais les pieds en rentrant.

16 ★ **Complète les phrases avec les verbes *avoir* ou *être* à l'imparfait.**
a. Tu ... en avance.
b. Vous ... souriants.
c. Ils ... peur.
d. J'... malade.
e. Tu ... faim.
f. Nous ... soif.

17 ★ **Complète le texte avec le verbe *avoir* ou *être* à l'imparfait.**
Papa ... en retard. Le temps ... pluvieux et nous ... froid. Nous ... impatients de rentrer à la maison et de nous blottir devant la cheminée. Mais en arrivant, le feu ... éteint et il n'y ... plus de bois !

18 ★★ **Conjugue les verbes entre parenthèses à l'imparfait.**
a. Léa *(aimer)* les promenades en forêt.
b. Elle *(ramasser)* souvent des châtaignes et elle *(gouter)* les mures.
c. Le soleil *(dorer)* les feuilles des arbres.
d. Les oiseaux *(gazouiller)* doucement.

Ce que je dois savoir à la fin de mon CE1

Connaitre le présent

verbes en *-er* comme *chanter*

je	chant e
tu	chant es
il/elle	chant e
nous	chant ons
vous	chant ez
ils/elles	chant ent

- Pour le présent des verbes *faire* et *dire* ▸ page 48.
- Pour le présent des verbes *aller* et *prendre* ▸ page 50

verbe *être*

je	suis
tu	es
il/elle	est
nous	sommes
vous	êtes
ils/elles	sont

verbe *avoir*

j'	ai
tu	as
il/elle	a
nous	avons
vous	avez
ils/elles	ont

Connaitre le futur

verbes en *-er* comme *chanter*

je	chanter ai
tu	chanter as
il/elle	chanter a
nous	chanter ons
vous	chanter ez
ils/elles	chanter ont

verbe *être*

je	ser ai
tu	ser as
il/elle	ser a
nous	ser ons
vous	ser ez
ils/elles	ser ont

verbe *avoir*

j'	aur ai
tu	aur as
il/elle	aur a
nous	aur ons
vous	aur ez
ils/elles	aur ont

Connaitre l'imparfait

verbes en *-er* comme *chanter*

je	chant	ais
tu	chant	ais
il/elle	chant	ait
nous	chant	ions
vous	chant	iez
ils/elles	chant	aient

verbe *être*

j'	ét	ais
tu	ét	ais
il/elle	ét	ait
nous	ét	ions
vous	ét	iez
ils/elles	ét	aient

verbe *avoir*

j'	av	ais
tu	av	ais
il/elle	av	ait
nous	av	ions
vous	av	iez
ils/elles	av	aient

Comprendre la formation du passé composé

Le passé composé

auxiliaire *être* conjugué au présent + participe passé

Louane est arrivée.

sujet

Avec l'auxiliaire *être*, le participe passé s'accorde avec le sujet.

auxiliaire *avoir* conjugué au présent + participe passé

Louane a chanté.

sujet

Avec l'auxiliaire *avoir*, le participe passé ne s'accorde pas avec le sujet.

Les syllabes

Cherchons

La forme de la tête des chauves-souris correspond souvent à leur façon de se nourrir. Certaines ont de grandes oreilles pour entendre le **vol** des insectes, d'autres un museau pointu pour dénicher le pollen, et certaines ont même un **nez** bizarre qui leur sert de klaxon !

« La chauve-souris », *in Le P'tit Mag n° 4*, © Magnard.

- **Lisez le texte à haute voix en faisant les liaisons.**
- **Observez les mots en couleur. Combien ont-ils de lettres ? Combien ont-ils de syllabes ?**
- **Observez les mots suivants : *ami*, *boa*. Combien ont-ils de lettres ? Combien ont-ils de syllabes ?**

Je retiens

- Un **groupe de lettres prononcées ensemble** forme une **syllabe**. Les syllabes mises ensemble forment des **mots**.

  vol → mot de trois lettres, une seule syllabe

  ami, boa. → mots de trois lettres, deux syllabes

  dénicher → mot de huit lettres, trois syllabes

- Lorsqu'on lit, on accroche ensemble certains mots : on dit qu'on fait la **liaison**.

  Certaines ont de grandes oreilles pour entendre le vol des insectes.

- Pour écrire certains mots, on utilise une **apostrophe** (') comme dans *aujourd'hui* ou *l'école* (on ne peut pas dire *la école*).

Manipuler les lettres et les syllabes

1 * **Pour chaque mot, indique le nombre de lettres et de syllabes.**

souris : 6 lettres, 2 syllabes

a. hibou • âne • animal • mur

b. éléphant • citron • poupée • vrai

Défi langue

Deux mots d'une syllabe se cachent dans le mot suivant. Sauras-tu les retrouver ?

souvent

2 ★ **Dans chaque liste, entoure la syllabe commune aux mots.**

a. tabouret • table • retaper

b. bouton • menton • mouton

c. retourner • tournevis • détour

3 ★ **Sépare les mots en syllabes.**

décider → dé/ci/der

a. aspirer • ami • partir • champignon

b. accorder • vendredi • ordinateur

c. téléviseur • hérisson • dortoir

d. calcul • soupir • lumière

4 ★ **Remets les lettres dans l'ordre pour retrouver des mots. Puis indique le nombre de syllabes de chaque mot.**

a. ezn

b. mnai

c. fanire

d. léc

e. cotno

f. crableta

5 ★ **Classe les mots dans le tableau.**

1 syllabe	2 syllabes	3 syllabes

pin • robinet • rideau • demain • mois • radio • la • toit • domino • lundi • une • escargot • mercredi • loup

6 ★ **Remets les syllabes dans l'ordre pour retrouver le nom de ce qui est dessiné.**

a.

nu

né

far

b.

da

lo

pé

7 ★★ **Trouve le plus de mots possible en associant les syllabes.**

ca ○ ○ che

mou ○ ○ sse

Utiliser l'apostrophe et faire les liaisons

8 ★ **Écris *l'*, *le* ou *la* devant chaque nom.**

a. … oiseau • … maison • … arbre

b. … matin • … enfance • … cheminée

c. … église • … étincelle • … volet

9 ★ **Dans chaque liste, trouve le nom qu'il faut écrire avec *l'*.**

a. … acrobate • … riz • … maitresse

b. … directrice • … écrivain • … crayon

c. … magasin • … nom • … ours

10 ★ **Prononce les mots à voix haute. Trace un arc si tu entends la liaison.**

un petit‿animal

a. un gros éléphant

b. un bel oiseau

c. une grande girafe

d. un bon ami

e. des enfants sages

f. de bonnes idées

11 ★★ **Recopie le texte suivant.**

a. **Compte les mots qui ont une seule syllabe.**

b. **Trace les arcs pour montrer les liaisons.**

c. **À l'oral** **Lis le texte à voix haute en faisant toutes les liaisons.**

En Chine, des architectes ont inventé une nouvelle sorte d'immeuble : pendant la journée, ses murs, équipés de panneaux solaires, captent les rayons du soleil. La nuit venue, la façade de l'immeuble utilise l'énergie accumulée pour s'animer de fabuleux jeux de lumière.

Les sons [p] et [b]

Cherchons

- Dans quels objets représentés sur l'illustration entendez-vous les sons [p] et [b] ?
- Classez-les en deux colonnes : ceux où l'on entend le son [p] et ceux où l'on entend le son [b].

Je retiens

- Le **son [p]** s'écrit avec **la lettre *p*** : *une **p**ou**p**ée*.
Certains mots s'écrivent **avec deux *p*** : *un a**pp**areil*.
- Le **son [b]** s'écrit avec **la lettre *b*** : *un **b**é**b**é*.
Certains mots s'écrivent avec **deux *b*** : *une a**bb**aye*.
- À la fin de certains mots, le ***p*** et le ***b*** ne se prononcent pas : *tro**p**, le plom**b***.

Différencier les sons [p] et [b]

1 * **Recopie les mots dans lesquels tu entends le son [p]. Entoure la lettre qui fait ce son.**

a. une pastèque • un tapis • une tomate
b. le pirate • quatre • la soupe • un coq
c. la brique • une planète • un casque

2 * **Recopie les mots dans lesquels tu entends le son [b]. Entoure la lettre qui fait ce son.**

a. un biberon • l'aspirine • un bol • la table
b. l'appétit • un tabouret • un domino

3 ** **Dans chaque liste, trouve le mot dans lequel on n'entend pas le son [p].**

Lorsque la lettre p est suivie de la lettre h, on entend le son [f] : un téléphone.

a. un pédalo • une perruque • un pré • un éléphant • un poussin
b. la peur • un photographe • la panique • un parcours • partir
c. un domino • une paille • répéter • un pantalon
d. le pétrole • un pétard • repousser • le phare • la pluie

Défi langue

Combien de mots peux-tu écrire en ajoutant *p* ou *b* ?
une …oule • un …ain • une …ile • une …ille

4 ** **Trouve la réponse à ces devinettes.**

Tous les mots contiennent la lettre p ou b.

a. On s'installe autour pour prendre les repas : une … .
b. Lorsqu'elle tombe, il faut s'abriter : la … .
c. C'est l'une des quatre saisons : le … .
d. C'est l'autre nom du vélo : une … .

Écrire les sons [p] et [b]

5 * **Complète avec *p* ou *b*.**
un …ommier • une …oite • une …ile • une am…oule • un …ateau • un …allon • un ta…is • une …alançoire • un …inceau • une échar…e • une …équille

6 ** **Quelle lettre a disparu dans cet énoncé : *p* ou *b* ?**
La classe de CE1 pré…are un voyage à …aris. La maitresse …révoit de faire quelques trajets à …ied mais elle ne veut …as que les élèves marchent …endant …lus de 1 km.

7 ** **Complète avec *pr* ou *br*.**
une …ique • un …ix • se …omener • un …acelet • un ar…e • un …as • fa…iquer • la …opreté • le …icolage • un …énom • com…endre • des …etelles

8 ** **Complète avec *pl* ou *bl*.**
une …anète • …euvoir • un carta…e • désagréa…e • …eurer • aima…e • …eu • une …essure • le …afond • une …anche

9 ** **Écris les noms représentés par les dessins. Ils contiennent tous la lettre *p*.**

10 ** **Écris les noms représentés par les dessins. Ils contiennent tous la lettre *b*.**

11 **À l'oral** **Entraine-toi à dire cette phrase sans erreur de prononciation.**
Un beau pinson bleu balance ses pattes sur la branche d'un pin.

J'écris

12 ** **Décris ce que tu vois sur le dessin en utilisant des mots contenant les lettres *p* ou *b*.**

Les sons [d] et [t]

Cherchons

- **Dans quels objets représentés sur l'illustration entendez-vous les sons [t] et [d] ?**
- **Classez-les en deux colonnes : ceux où l'on entend le son [d] et ceux où l'on entend le son [t].**

Je retiens

- Le **son [d]** s'écrit avec la **lettre *d*** : *un **d**ragon.*
Certains mots s'écrivent avec **deux *d*** : *une a**dd**ition.*
- Le **son [t]** s'écrit avec la **lettre *t*** : *un pan**t**alon.*
Certains mots s'écrivent avec **deux *t*** : *des bo**tt**es.*

(!) Dans certains mots, on voit la lettre ***t*** mais on entend le **son [s]** : *la récréa**t**ion, un Mar**t**ien.*

- À la fin de certains mots, le ***d*** et le ***t*** ne se prononcent pas : *le froi**d**, une den**t**.*

Différencier les sons [d] et [t]

Défi langue

Tous les mots ont un son en commun sauf un, lequel ? Explique ta réponse.
le dragon • le domaine • une bande • une boisson • un don

1 * **Recopie les mots dans lesquels tu entends le son [d]. Entoure la lettre qui fait ce son.**
a. une bassine • décembre • un domino
b. une banane • une méduse • le bain
c. la poudre • une bouche • une douche

2 ** Classe les mots dans le tableau.**

j'entends [d]	je n'entends pas [d]

grand • une dent • un crapaud • froid • un dromadaire • dernier • regarder • dans • un canard • jeudi • un marchand

3 * **Recopie les mots dans lesquels tu entends le son [t]. Entoure la lettre qui fait ce son.**

a. une tornade • retrouver • un bol

b. la farine • une compote • un radis

c. une feuille • un râteau • un tournevis

4 ** **Classe les mots dans le tableau.**

Lorsque la lettre t est suivie de la lettre h, la prononciation ne change pas : un théâtre.

j'entends [t]	je n'entends pas [t]

un thé • une action • un mammouth • le chat • un patient • un rat • un thon

Écrire les sons [d] et [t]

5 * **Complète avec *d* ou *t*.**

une …ame • le …ébut • un …imbre • un …onjon • du …issu • une châ…aigne • un ci…ron • une marchan…ise

6 * **Complète avec *dr* ou *tr*.**

une ci…ouille • du ci…e • un ci…onnier • atten…e • un …apeau • se …esser • un mai…e • …icoter • descen…e

7 * **Complète les phrases avec les mots de la liste.**

train draps droite

a. Il a tourné à … après la boulangerie.

b. Le … entre en gare.

c. Hier, j'ai changé les … de mon lit.

Utilise un dictionnaire pour les exercices 8 et 9.

8 ** **Écris les noms représentés par les dessins. Ils contiennent tous le son [d].**

9 ** **Écris les noms représentés par les dessins. Ils contiennent tous le son [t].**

J'écris

10 * **Ta petite sœur est malade. Raconte sa visite chez le médecin en t'aidant des mots de la liste.**

un docteur tousser la température la tête des boutons un médicament des pastilles

La lettre *s*

Cherchons

La nuit, il se passe de drôles de choses dans les cuisines du restaurant. Dès que les lumières s'éteignent, une famille de souris grises au joli museau rose sort de sa cachette pour préparer un festin. Ce qu'elles aiment par-dessus tout, ce sont les spaghettis à la sauce tomate saupoudrés de parmesan !

- **Relevez tous les mots du texte qui contiennent la lettre *s*.**
- **Classez les mots en deux colonnes : ceux où l'on entend le son [s] et ceux où l'on entend le son [z]. Pouvez-vous tous les classer ?**

Je retiens

	on entend **[s]**	on entend **[z]**
on voit ***s***	• au **début** ou à la **fin** d'un mot : *la **s**auce, un o**s*** • **avant** ou **après** une **consonne** : *un re**s**taurant, une chan**s**on*	• entre **deux voyelles** : *la cui**s**ine, gri**s**e*
on voit ***ss***	• entre **deux voyelles** : *une a**ss**iette*	

! La lettre ***s*** ne se prononce pas à la fin de certains mots (*une souri**s***) et quand elle indique le pluriel (*les cuisine**s***).

Différencier les sons [s] et [z]

1 ★ **Recopie les mots dans lesquels tu entends le son [s]. Entoure la lettre (ou les lettres) qui fait (font) ce son.**

a. un tapis • une salade • gros • un sas

b. mon cousin • un poussin • gris • un asticot

c. une boisson • résoudre • responsable

2 ★★ **Il y a un intrus dans chaque liste. Recopie-le.**

a. une sorcière • une semaine • la maison • adosser

b. un adversaire • une apostrophe • un croissant • un cerisier

c. un moustique • diviser • embarrassant • un aspirateur

3 ★ **Recopie les mots dans lesquels tu entends le son [z]. Entoure la lettre qui fait ce son.**

a. une usine • un poisson • du poison • un message

b. décembre • une portion • un désert • un dessert

c. une rose • un insecte • rasé • usé

d. une passoire • le pinson • une toise • un paysan

Défi langue

Trouve des mots qui peuvent compléter chaque liste. Explique comment tu as fait.

a. la soupe • une salade • un sac…

b. la maison • poser • une cerise …

4 ★★ **Il y a un intrus dans chaque liste. Recopie-le.**

a. une voisine • inscrire • du mimosa • une usine

b. un serpent • la musique • une cuisinière • un résumé

c. une décision • un rasoir • un insecte • épuiser

5 ★★ **Classe les mots dans le tableau.**

je vois *s*	
j'entends [s]	j'entends [z]

une traversée • un sapin • visible • la transparence • un visage • un oiseau • l'espace • une chaise • de la soupe

Écrire les sons [s] et [z]

6 ★ **Complète avec *s* ou *ss* pour obtenir le son [s].**

un bui…on • la le…ive • une chau…ure • un e…cabeau • e…ouffler • un di…que • la moi…on • une …tatue • du …irop •

7 ★★ **Écris les noms représentés par les dessins. Ils contiennent tous le son [s].**

8 ★★ **Écris les noms représentés par les dessins. Ils contiennent tous le son [z].**

9 **À l'oral** **Entraine-toi à répéter cette phrase sans erreur de prononciation.**

Zazie causait avec sa cousine en cousant.

J'écris

10 ★★ **En t'aidant du dessin, écris un menu pour le restaurant des souris.**

La lettre c

Cherchons

- Faites la liste de tous les noms d'objets et d'animaux représentés sur l'illustration qui contiennent la lettre c.
- Quels sons produit la lettre c ?

Je retiens

	on entend [s]	on entend [k]
on voit **c**	• devant **e**, **i**, **y** : *une glace, le cinéma, un cygne*	• devant **a**, **o**, **u** : *une casquette, un coussin, un écureuil* • devant une **consonne** : *un crocodile, une classe* • parfois à la fin d'un mot : *un sac*
on voit **ç**	• devant **a**, **o**, **u** : *un glaçage, un garçon, un reçu*	

! Lorsque la lettre **c** est suivie de la lettre **h**, elle se prononce **[ʃ]** (*un chemin*) ou quelquefois **[k]** (*une chorale*).

Différencier les sons [s] et [k]

1 * **Recopie les mots dans lesquels la lettre c produit le son [s].**

a. le carnaval • une cigogne • contrôler

b. un bracelet • une saucisse • un camion

c. une balançoire • une réception • un croc

2 * **Recopie les mots dans lesquels la lettre c produit le son [k].**

a. un croissant • une citrouille • un cirque

b. une couronne • l'océan • la cruche

c. une sorcière • une classe • Christelle

3 ★★ **Il y a un intrus dans chaque liste. Recopie les listes sans l'intrus.**

a. un maçon • un glaçon • la confiture

b. un capitaine • du café • la cuisse • du ciment

c. une cible • un caramel • une cigogne • de la cire

Défi langue

Quel est l'intrus dans cette liste ? Comment l'as-tu trouvé ?
un orchestre • une chenille • un choriste • un chronomètre

4 ★★ **Classe les mots dans le tableau.**

je vois *c*	
j'entends [s]	**j'entends [k]**

une ceinture • une locomotive • une hélice • une claque • cent • une cascade • un haricot

Écrire les sons [s] et [k]

Pour les exercices 6 et 7, prononce d'abord les mots dans ta tête.

5 ★ **Complète les mots avec la lettre *c* quand elle fait le son [s].**

la ...uisine • un ...routon • un ...ylindre • une ...uvette • une balan...e • le ...inéma • une ...achette • un bal...on • un pin...eau

6 ★ **Complète les mots avec la lettre *c* quand elle fait le son [k].**

un ...améléon • un ...arré • un ...intre • des é...outeurs • une ...lôture • pin...er • une pio...he • une ...oquille • une pla...e

7 ★★ **Complète avec *cr* ou *cl*.**

un é...ou • ac...ocher • un é...airage • un a...obate • une é...ipse • un ...oissant • une bou...e • un ...ocodile • une ...é

8 ★★ **Trouve la réponse à ces devinettes.**

a. Cet appareil vole grâce à une grande hélice horizontale : un ... .

b. On l'utilise pour tirer des flèches : un ... .

c. Il te fait rire au cirque : le ... .

d. C'est un petit insecte rouge avec des taches noires : une ... .

e. Cette figure géométrique a la forme d'un rond : un ... .

9 ★★ **Écris les noms représentés par les dessins. Ils contiennent tous le son [s].**

10 ★★ **Écris les noms représentés par les dessins. Ils contiennent tous le son [k].**

11 **À l'oral** **Raconte une situation qui t'a mis(e) en colère. Tu peux utiliser des mots de la liste.**

quand • rencontrer • ce • avec

J'écris

12 ★★ **Écris une petite histoire avec les mots de la liste.**

une citrouille • une sorcière • une cage • une grimace • un corbeau

La lettre *g*

Cherchons

un guépard · une gazelle · une girafe · une cigogne · un pigeon · un tigre

- Quelle est la lettre commune à ces noms d'animaux ?
- Produit-elle toujours le même son ?
- Classez les noms en fonction du son produit.

Je retiens

	on entend **[g]**	on entend **[ʒ]**
on voit ***g***	• devant **a, o, u** : *une **g**azelle, un **g**orille, une fi**g**ure* • devant une **consonne** : *un ti**g**re, une rè**g**le*	• devant **e, i, y** : *rou**g**e, une **g**irafe, un **g**ymnase*
on voit ***gu***	• devant **e, i, y** : *un **gu**épard, un **gu**ide*	
on voit ***ge***		• devant **a** et **o** : *elle na**ge**ait, un pi**ge**on*

❗ Les lettres ***gn*** se prononcent **[ɲ]** : *une cigo**gn**e*.

Différencier les sons [g] et [ʒ]

Défi langue

Tous les mots ont un son commun sauf un, lequel ? Explique pourquoi.

gommer • grandir • digue • berge • figue • bague • gourmand

1 * **Recopie les mots dans lesquels tu entends le son [ʒ].**
le genou • une grimace • un grillon • dommage • rigoler • la géométrie • gai

2 ** **Il y a un intrus dans chaque liste. Recopie les listes sans l'intrus.**
a. un kangourou • une anguille • une figue • une mésange
b. obligatoire • une obligation • obliger • obligatoirement
c. un refuge • beige • rouge • une guenon
d. un sanglier • une araignée • un aigle • déguster

Écrire les sons [g] et [ʒ]

Pour les exercices 3 et 4, prononce d'abord les mots dans ta tête.

3 * **Complète les mots avec la lettre *g* quand elle fait le son [g].**
du cira…e • une vir…ule • …entil • une ca…e • un gi…ot • un han…ar • une …roseille • un …éant • a…iter • de l'ar…ile • une ur…ence • …ros

4 * **Complète les mots avec la lettre *g* quand elle fait le son [ʒ].**
héber…er • un …ilet • …aloper • le …ui • un …uichet • un sauveta…e • une …omme • une cour…ette • …ris • une …range • un cy…ne • la …entillesse

5 ** **Avec quelles lettres compléter ces mots pour qu'ils aient un sens ?**
un plon...oir • un bou...oir • une horlo...e

6 ** **Complète avec *g* ou *ge*.**
rou…ir • une na…oire • les …ens • un plon…on • un échan…e • la rou…ole • conta…ieuse • une pa…e • man…er • une man…oire • une bou…ie

7 ** **Complète avec *g* ou *gn*.**
souli…er • une épon…e • il na…e • un tro…on • un gara…e • une fou…ère • la monta…e • du froma…e • soi…eux • ma…ifique • une …ourde • un pei…e

8 ** **Écris les noms représentés par les dessins. Ils contiennent tous le son [ʒ].**

9 ** **Écris les noms représentés par les dessins. Ils contiennent tous le son [g].**

10 À l'oral **Dis cette phrase sans te tromper.**
Un dragon gourmand croque un grand morceau de gâteau.

J'écris

11 * **Décris ce que tu vois sur le dessin en utilisant des mots contenant la lettre *g*.**

Je révise

Manipuler les syllabes

1 * Sépare les mots en syllabes.

a. valise • tasse • louve • carte • livre

b. terminaison • machine • ouverture • balançoire

c. mercredi • automate • participation • poison • ile

2 * Classe les mots dans le tableau.

Attention : il y a un intrus !

2 syllabes	3 syllabes	4 syllabes et plus

animal • bureau • chocolat • ordinateur • interrogation • tracteur • ami • lit • poisson • table • tableau • samedi • décembre

3 * Remets les syllabes dans l'ordre pour retrouver 4 noms.

a. ma fro ge

b. lé phant é

c. a te cro ba

d. lan çoi ba re

Faire les liaisons

4 * Prononce les phrases à voix haute. Trace un arc si tu entends une liaison.

a. Son pantalon est très usé.

b. Tout à coup, un bruit retentit.

c. Tous ses amis étaient avec lui.

d. La fête était très animée.

e. La pluie tombe sans arrêt.

Différencier les sons [p] et [b], [d] et [t]

5 * Complète avec *p* ou *b*, *pr* ou *br*, *pl* ou *bl*.

a. de la …ommade • une encyclo…édie • a…attre • une tou…ie

b. em…asser • ap…endre • un a…icot • un tim…e

c. une …aisanterie • un para…uie • une ci…e • é…ouir

d. un …irate • …utal • une …omenade • un …ouson

6 * Complète avec *d* ou *t*, *dr* ou *tr*.

a. un ca…eau • une …or…ue • un …omino • un accor…éon • une brin…ille

b. un …agon • …anquille • …icoter • un …omadaire • un …ombone

c. un …aineau • une …oite • un …apis • du …entifrice • la ten…esse

Connaitre les valeurs des lettres s, c et g

7 * Recopie les mots et entoure les lettres qui produisent le son [s].

a. de la salade • un escalier • une citrouille

b. la gentillesse • du sucre • un sauvage

c. un sapin • un crustacé • des fiancés

d. un bassin • la citerne • une soupe

8 * Recopie uniquement les mots dans lesquels tu entends le son [z].

a. une rose • une cerise • la sécurité

b. isoler • un service • de la salade

c. une base • rusé • rester

d. hésiter • la conjugaison • la vaisselle

9 ★ **Écris les noms représentés par les dessins. Ils contiennent tous le son [s].**

10 ★ **Classe les mots dans le tableau.**

je vois *c* ou *ç*	
j'entends [s]	j'entends [k]

une cigale • un glaçon • une carte • une balance • un cartable • un microbe • une glace • une classe • une balançoire • un remplaçant • le cerveau • un crapaud • déçu • un commerçant

11 ★ **Recopie uniquement les mots dans lesquels la lettre *c* produit le son [s].**

a. le vocabulaire • cacher • atroce
b. un cinéma • du café • une encyclopédie
c. correspondre • la ciboulette • du cacao
d. la choucroute • la cime • un tricycle
e. déplacer • cabosser • un palace

12 ★ **Recopie uniquement les mots dans lesquels la lettre *c* produit le son [k].**

a. Victor • un castor • une citrouille
b. un carton • une sacoche • un sac
c. Oscar • une princesse • un crabe
d. pincer • craquer • placer

13 ★ **Recopie les mots dans lesquels tu entends le son [g].**

un grelot • un escargot • un plongeoir • une bague • un goéland • le courage • mélanger • grand • le garde-boue • manger • une mangue • la cage

14 ★ **Entoure l'intrus dans chaque liste.**

a. un gardien • un garde • rouge • gauche
b. la gorge • un garage • beige • un bagage
c. une girafe • la gymnastique • gris

15 ★ **Classe les mots dans le tableau.**

je vois *g*	
j'entends [g]	j'entends [ʒ]

une grenouille • un gymnase • la gare • glisser • un singe • gentil • un galet • un grondement • grand • un géant • une girafe • la magie • un glacier

16 ★ **Écris les noms représentés par les dessins. Ils contiennent tous la lettre *g*.**

17 ★★ **Complète avec *s* ou *c* pour obtenir le son [s].**

une pla…e • un …aladier • un …itron • un …erveur • la …oif • des …ymbales • se dépla…er • une …yllabe • du …el

Pour les exercices 18 et 19, prononce d'abord les mots dans ta tête.

18 ★★ **Complète les mots avec la lettre *g* quand elle fait le son [ʒ].**

il est …entil • une bou…ie • …lacé • des lé…umes • de la …elée • rou…e • ré…ulier • re…arder

19 ★★ **Complète les mots avec la lettre *g* quand elle fait le son [g].**

la fi…ure • la pla…e • une fi…ue • le …el • un corsa…e • un …age • un kan…ourou

Le son [j]

Cherchons

Le **papillon** pond ses œufs sur une feuille. Un bébé **chenille** (une larve) sort de chaque œuf. La larve se nourrit en mangeant la **feuille** sur laquelle elle est née. La chenille se transforme en une enveloppe dure : la chrysalide. À l'**intérieur**, son corps change. Le papillon est formé. Il peut sortir de la chrysalide.

Ma première encyclopédie Larousse, © Larousse.

- **Quel son les mots en couleur ont-ils en commun ?**
- **Connaissez-vous une autre façon d'écrire ce son ?**
- **Comment se prononce la lettre *y* dans chrysalide ?**

Je retiens

Le **son [j]** peut s'écrire :			
i	***y***	***ill***	***il*** ou ***ille***
• **devant** une **voyelle** : *l'intérieur, le papier, la lumière*	• **devant** une **voyelle** : *un yaourt, un tuyau*	• **au milieu** d'un **mot** : *un papillon, une chenille, un coquillage*	• **à la fin** d'un **mot** : *une feuille, le soleil*

Différencier les graphies du son [j]

1 ✶ **Classe les mots dans le tableau.**

j'entends [j]			
je vois *i*	je vois *y*	je vois *il*	je vois *ille*

une feuille • voyager • un cobaye • une volaille • crier • une nouille • un appareil • trier • un charcutier • le sommeil • du gruyère • une grenouille • un écureuil • un rayon • épier • la famille • appuyer • du papier

2 ⋆ **Recopie les mots dans lesquels tu entends le son [j].**

a. un paysan • une quille • un collier

b. la paye • un coquillage • un caillou • du fil

c. un millefeuille • une bicyclette • un crayon

Défi langue

Une lettre a disparu, sauras-tu la retrouver ?

Sur les ra...ons du fromager, il … a du gru...ère.

3 ⋆⋆ **Il y a un intrus dans chaque liste. Trouve-le.**

a. une bille • une fille • une ville • une grille

b. un yaourt • un pays • un noyau • un boyau

c. la vanille • un gorille • une chenille • tranquille

Écrire le son [j]

4 ⋆ **Transforme les mots pour obtenir un nom qui se termine par le son [je].**

un abricot → un abricotier

une pomme • une rose • une prune • une poire • une cerise • une fraise •

5 ⋆⋆ **Complète avec *il* ou *ille*.**

Les noms féminins qui se terminent par le son [j] s'écrivent -ille et les noms masculins -il.

une corbe… • un réve… • une grose… • une ore… • un porta… • une bata… • un éventa… • une abe… • une feu…

6 ⋆⋆ **Complète les mots avec *i*, *ille* ou *y*. Tu peux t'aider d'un dictionnaire.**

a. de la pa… • une myrt… • jo…eux

b. un coll…er • nous cr…ons • il fou…

c. un pan…er • un cah…er • un cra…on

d. s'ennu…er • une béqu… • un vo…age

7 ⋆⋆ **Forme le verbe correspondant à chaque nom comme dans l'exemple.**

un travail → il travaille

a. un conseil

b. le sommeil

c. un réveil

d. l'accueil

8 ⋆⋆ **Écris les noms représentés par les dessins. Ils contiennent tous le son [j].**

9 ⋆⋆ **Trouve la réponse à ces devinettes.**

a. Ils nous permettent de voir : les … .

b. C'est un jouet rond avec une ficelle qui monte et qui descend : un … .

c. Il aboie : un … .

d. On le met dans le jardin pour effrayer les oiseaux : un … .

e. On peut écrire dessus. Elle peut aussi s'envoyer à l'automne : une …

J'écris

10 ⋆⋆ **Décris ce dessin en faisant attention à tous les détails.**

Le son [o]

Cherchons

- Donnez le nom des objets et des animaux signalés par une flèche.
Quel est le son commun à tous ces mots ?
- Comment s'écrit le son [o] ?
- Classez les mots en trois colonnes.

Je retiens

Le **son [o]** peut s'écrire :		
o	**au**	**eau**
*un vél**o**, du ch**o**colat, dr**ô**le*	*un crap**au**d, ch**au**d*	*un chap**eau**, un cham**eau***

! Dans certains mots, la lettre **o** se prononce **[ɔ]** : *un c**o**q, un b**o**l.*

Différencier les graphies du son [o]

1 * **Recopie les mots dans lesquels tu entends le son [o].**

a. un tuyau • un vélo • un robot • un bouton

b. aout • un document • un donjon • un dossier

c. la police • un moule • un stylo • un corbeau

2 * **Recopie les mots. Entoure les lettres qui font le son [o].**

a. le métro • haut • une otarie • un piano

b. de l'eau • un réchaud • beaucoup • gros

c. un crapaud • Ajaccio • un poteau • un motard

d. un chapeau • ovale • autre • un pot

3 ★ **Classe les mots dans le tableau.**

je vois *o*	
j'entends [o]	je n'entends pas [o]

une voile • du cacao • une voiture • un mouton • une automobile • un poisson • un paquebot • le tonnerre • un paon

4 ★ **Classe les mots dans le tableau.**

j'entends [o]		
je vois *o*	je vois *au*	je vois *eau*

le repos • un cadeau • un saut • un landau • un mot • le loto • un manteau • un stylo • le restaurant • un lionceau • la météo

Écrire le son [o]

5 ★ **Complète avec *o* ou *eau*.**

un mart… • un abric…t • un agn… • all… • un kil… • un plat… • un chât… • un lab…ratoire • b…coup

6 ★ **Complète les mots du texte avec *o* ou *au*.**

L'…rage se f…rme dans un én…rme nuage, appelé « cumulonimbus » qui s'étire en h…teur très h…t dans l'atmosphère. À l'intérieur de ce nuage, l'affrontement de l'air ch…d et de l'air froid pr…v…que une décharge électrique, la foudre.

Dictionnaire Larousse Junior, © Larousse 2015.

Utilise un dictionnaire pour vérifier l'orthographe des mots.

7 ★★ **Complète avec *o*, *au* ou *eau*.**

a. un ki…sque • un pr…verbe • une …berge • un rad…

b. …ssi • un …t…mate • un morc… • une …bergine

c. une ép…le • une t…pe • c'est b… • un arr…soir

Défi langue

Deux mots de la liste contiennent le son *o* écrit de la même façon, lesquels ?

un chât… • un …gre • un ruiss… • ch…d

8 ★★ **Complète les mots avec *o*, *au* ou *eau*.**

a. …jourd'hui, j'ai eu très ch…d.

b. J'ai bu un grand verre d'… .

c. J'ai mangé un morc… de pomme.

d. J'ai gouté … gât… qui était sur le plat… .

e. Je me suis allongé sur le d…s.

J'écris

9 ★ **Trouve la réponse aux rébus, puis utilise chaque mot dans une phrase.**

a.

b.

Les sons [u], [wa] et [wɛ̃]

Cherchons

- Observez l'illustration. Faites la liste des mots dans lesquels vous entendez les sons [u], [wa] et [wɛ̃].
- Comment s'écrivent ces trois sons ?
- Cherchez d'autres mots dans lesquels on entend ces trois sons.

Je retiens

- Le **son [u]** s'écrit ***ou*** : *une p**ou**le, une f**ou**rmi.*
- Le **son [wa]** s'écrit ***oi*** : *un d**oi**gt, une p**oi**re.*
- Le **son [wɛ̃]** s'écrit ***oin*** : *un p**oin**g, une p**oin**te.*

Différencier les sons [u], [wa] et [wɛ̃]

Défi langue

Quel son entends-tu deux fois dans cette liste de mots ?
un doigt • le poing • le chausson • le bois • le coup

1 ★ **Recopie les mots dans lesquels tu entends le son [u].**

a. un moule • la maison • l'automobile • rouler • la foule

b. coudre • un poivron • un mouchoir • une foire • une poire

c. une tornade • la poudre • la foudre • nouveau • du poivre

2 * **Recopie les mots dans lesquels tu entends le son [wa].**

a. une voiture • un toit • un violon • loin
b. une moitié • un point • un ognon
c. un voisin • du bois • une définition
d. un poing • un pois • un poinçon

3 * **Recopie les mots dans lesquels tu entends le son [wɛ̃].**

a. pointu • une main • un dictionnaire
b. moins • un moineau • des pointillés
c. une potion • un coin • lointain

4 * **Classe les mots dans le tableau.**

j'entends [u]	j'entends [wa]	j'entends [wɛ̃]

un caillou • un loir • un poisson • loin • une pointure • un chou • un trou • croire

5 ** **Il y a un intrus dans chaque liste. Recopie les listes sans l'intrus.**

a. une tourte • courte • une poutre • long
b. une lionne • moite • un pois • un poireau
c. un point • un groin • un pion • pointer

6 ** **Écris ensemble les mots de la même famille.**

Des mots de la même famille ont tous une partie en commun.

une pointe • le souffle • le soir • pointer • bonsoir • essouffler • un point • une soirée

Écrire les sons [u], [wa] et [wɛ̃]

7 * **Complète avec *ou* ou *oi*.**

a. la r…te
b. une m…che
c. le p…gnet
d. un v…lier
e. du p…vre
f. la baign…re
g. b…der
h. une pass…re

8 * **Complète avec *oi* ou *oin*.**

a. une ard…se
b. une p…te
c. se c…ffer
d. c'est l…
e. des p…tillés
f. du p…son
g. un trott…r
h. c…cer

9 ** **Trouve la réponse à ces devinettes.**

a. C'est le contraire de *plus* : … .
b. Les écureuils aiment en manger : des … .
c. La girafe en a un très long : un … .
d. Objet dans lequel on se regarde pour se coiffer : un … .

10 ** **Écris les noms représentés par les dessins.**

11 ** **Complète avec *oi* ou *io*.**

a. des petits p…s
b. une mar…nnette
c. une p…che
d. du p…vre
e. un mouch…r
f. un v…lon
g. le b…s
h. un k…sque
i. un tr… de musiciens
j. les dev…rs

12 ** **Complète avec *oin* ou *ion*.**

a. un c…
b. une pot…
c. un p…g
d. un cam…
e. une inondat…
f. un l…
g. des p…tillés
h. une collect…
i. le gr… du cochon
j. une multiplicat…

J'écris

13 * **Écris une phrase avec chacun des mots suivants.**

se coiffer — un point — un bijou

Le son [e]

Cherchons

C'est la rentrée des classes. Les élèves sont bien rangés. Mademoiselle Maïté les appelle. Il y a Léon le hérisson et Paul l'écureuil. Léa, la libellule, est habillée en fée. Zézé l'éléphant a apporté une épée que la maitresse lui demande de ranger. Tout ce petit monde entre en classe. Les cahiers et les livres sont distribués. Attention, la dictée va bientôt commencer !

- **Dans le texte, relevez les mots dans lesquels on entend le son [e].**
- **Ce son s'écrit-il toujours de la même manière ?**

Je retiens

Le **son [e]** peut s'écrire :			
é	**er**	**ée**	**ez**
*une **é**cole,* *un **é**l**é**phant*	• à la **fin** d'un **mot** : *rang**er**, commenc**er**, le gout**er***	• à la **fin** d'un **mot** : *la rentr**ée**, une dict**ée***	• à la **fin** d'un **mot** : *le n**ez***

Différencier les graphies du son [e]

1 ★ **Classe les mots dans le tableau.**

j'entends [e]			
je vois *é*	je vois *ée*	je vois *er*	je vois *ez*

une échelle • visiter • la marée • aller • vous dansez • un panier • une randonnée • une clé • un cahier • vous installez • une étoile • une araignée • du thé • une pincée • arroser • un écrivain • une fée • le boulanger

2 * **Recopie les mots dans lesquels tu entends le son [e]. Entoure la lettre (ou les lettres) qui fait (font) ce son.**

Il y a un intrus dans chaque liste.

a. un bébé • un sommier • une fougère
b. élémentaire • dernière • la santé
c. mercredi • un canapé • vous terminez

3 ** **Trouve l'intrus dans chaque liste.**
a. ordonner • une écurie • vider • un chef
b. arriver • déranger • un ver • dorer
c. épouser • du café • un diner • du fer
d. la fée • la dictée • la pâte • l'entrée

Écrire le son [e]

Défi langue

Cette phrase contient des mots qui se terminent avec le son [e] toujours écrit de la même façon. Quelle est cette terminaison ?
Il va piqueniqu... dans le verg..., et il ira se baign... avant de rentr... .

Tu peux t'aider d'un dictionnaire pour les exercices 4 à 6.

4 * **Choisis le mot entre parenthèses qui convient.**
a. Vous *(jouer • jouez)* avec les chatons.
b. Tu ajoutes une *(pincée • pincez)* de sel.
c. C'est la *(rentrée • rentré)* des classes !
d. Il faut *(réchauffez • réchauffer)* le plat.

5 * **Complète les mots avec *é*, *er*, *ée* ou *ez*.**
a. une poup… • la soir… • le n…
b. une …toile • un v…lo • une …charpe
c. un pr… • un papi… • le d…part
d. d…tonner • …mouvoir • …crire

6 ** **Complète les mots avec *é*, *er*, *ée* ou *ez*.**
a. …bouriff… • une chemin… • un …clair
b. d…m…nag… • une …chelle • gliss…
c. m…lang… • Où habit…-vous ? • f…minin

7 ** **Trouve la réponse à ces devinettes.**
a. On y regarde des émissions : une … .
b. Saison pendant laquelle il fait chaud : l'… .
c. On le mange après l'école : le … .
d. Elle a une baguette magique : la … .

8 ** **Transforme les verbes comme dans l'exemple.**
manger → vous mangez
jouer • glisser • parler • regarder • compléter • dessiner • marcher • écouter

9 ** **Complète les mots du texte avec *é* ou *er*.**
Poéma a appris très tôt à navigu… et à pêch… avec son père. Elle est la meilleure de l'…cole pour dirig… son va'a* dans le lagon. Elle emmènera Téiki loin, de l'autre côt… de la barrière de corail, elle l'abandonnera sur un îlot d…sert, personne n'ira le cherch… là-bas.

* Un va'a est une pirogue.

Cécile Roumiguière, Claire Delvaux, *Le Voyage de Poéma*, © Magnard Jeunesse.

J'écris

10 ** **Écris une phrase avec chaque couple de mots.**
a. un ballon • éclater
b. une cheminée • la fumée
c. un cahier • l'école

Le son [ɛ]

Cherchons

- Observez l'illustration. Faites la liste des mots dans lesquels vous entendez le son [ɛ].
- Ce son s'écrit-il toujours de la même manière ?

Je retiens

Le **son [ɛ]** peut s'écrire :				
è	**ê**	**e**	***ai*** ou ***ei***	**et**
*une ch**è**vre, un fr**è**re*	*une for**ê**t, une fen**ê**tre*	• **devant** une ou plusieurs **consonnes** ou devant **x** : *la m**e**r, **e**lle, un **e**scargot, un **e**xercice*	*une m**ai**son, la n**ei**ge*	*un bonn**et**, un nav**et***

Différencier les graphies du son [ɛ]

1 ✶ Classe les mots dans le tableau.

j'entends [ɛ]			
je vois è	je vois ê	je vois *ai*	je vois *ei*

après • une bête • une baleine • de la laine • le succès • un balai • un palais • de la peine • un siège • un chêne • du vinaigre • une boulangère • être • beige • une baignoire

2 * **Recopie les mots dans lesquels tu entends le son [ɛ]. Entoure la lettre (ou les lettres) qui fait (font) ce son.**

a. treize • une espèce • le poids • un galet • un caillou

b. un arrêt • un palais • une cabane • la neige • un piano

c. beige • de la paille • un filet • une chèvre

Défi langue

Pourquoi un mot de la liste est-il écrit en gras ?
une vipère • une étagère • une pelle • **le déjeuner**

3 ** **Recopie uniquement les mots dans lesquels tu entends le son [ɛ].**

a. un volet • du lait • une épine • vous mangez

b. un nez • une panthère • un vélo • du poulet

c. une permission • du café • une pêche • l'alphabet

4 ** **Il y a un intrus dans chaque liste. Recopie les listes sans l'intrus.**

a. une saison • du grain • un balai • une musaraigne

b. une reine • seize • plein • un peigne

c. une bête • une étoile • la fête • une tête

d. un lièvre • une mère • essuyer

Écrire le son [ɛ]

Tu peux t'aider d'un dictionnaire.

5 * **Complète les mots avec è, ê ou e.**

a. une vip…re • une chou…tte • le ci…l

b. la f…ve • une gu…pe • des jum…lles

c. l'apr…s-midi • un h…tre • une assi…tte

d. des cr…pes • une cuill…re • la T…rre

6 * **Complète les mots avec *ai*, *ei* ou *et*.**

a. un lampad…re • une p…re • un fil…

b. un p…gnoir • un bal… • un tr…t

c. f…re • un cach… • un chasse-n…ge

7 ** **Écris les mots au féminin. Tu devras utiliser le son [ɛ].**

un Italien → une Italienne

un Indien • un gardien • le mien • vilain • un chien • un Australien • un comédien

8 ** **Trouve la réponse à ces devinettes.**

a. Tu l'utilises pour souligner : une … .

b. C'est le fils de ma mère : mon … .

c. Personne qui monte à cheval : une … .

d. Elle comporte sept jours : une … .

9 ** **Écris les noms représentés par les dessins. Ils contiennent tous le son [ɛ].**

10 À l'oral **Prononce cette phrase lentement, puis de plus en plus vite sans te tromper.**

Une bête noire se baigne dans une baignoire noire.

J'écris

11 ** **Écris une phrase avec chaque couple de mots.**

a. un trait • une règle

b. du lait • un verre

c. une guêpe • une fenêtre

Les sons [ɑ̃], [ɔ̃] et [ɛ̃]

Cherchons

Jamais il n'y eut de **lapin** plus **vilain** que le Vilain **Gredin**. C'est du moins ce que l'**on** pouvait **penser** en **lisant** la lettre qu'il avait déposée sur **son** lit en **rentrant** de l'école…

Chère **Maman**, Cher Papa,
Je suis désolé, mais je dois vous dire que J'AI QUITTÉ LA **MAISON**. J'habite sur la décharge du Diable avec mes nouveaux amis.

Jeanne Willis, Tony Ross, *Le Vilain Gredin*, trad. A. Krief, © Éditions Gallimard Jeunesse, www.gallimard.fr.

- **Observez les mots en couleur. Quel est le son commun aux mots en orange ?**
- **Quel est le son commun aux mots en vert ? Et aux mots en violet ?**
- **Connaissez-vous d'autres manières d'écrire ces sons ?**

Je retiens

- Le **son [ɑ̃]** s'écrit ***an, en, am*** ou ***em*** : *mam**an**, **en**suite, une **am**poule, **en**s**em**ble.*
- Le **son [ɔ̃]** s'écrit ***on*** ou ***om*** : *une mais**on**, une **om**bre.*
- Le **son [ɛ̃]** s'écrit ***in, im, ain, ein*** ou ***ym*** : *un lap**in**, **im**possible, vil**ain**, la p**ein**ture, une c**ym**bale.*

! Deux mots ont une orthographe du **son [ɛ̃]** particulière.
*la f**aim**, un d**aim**.*

Différencier les sons [ɑ̃], [ɔ̃] et [ɛ̃]

1 ★ **Recopie les mots dans lesquels tu entends le son [ɑ̃].**

a. la cantine • un canard • un enfant
b. emporter • le camping • un canapé
c. évident • un canal • un éléphant
d. ensemble • l'ennui • un ennemi

2 ★ **Recopie les mots dans lesquels tu entends le son [ɔ̃].**

a. étonner • un camion • le monde
b. le menton • une pomme • un carton
c. un napperon • un poupon • un sommet
d. un bonbon • un bonhomme • le son

3 ✶ **Recopie les mots dans lesquels tu entends le son [ɛ̃].**

a. un pin • une jardinière • demain

b. une pinède • important • un rein

c. une empreinte • une tétine • un piano

d. un évènement • un timbre • fine

4 ✶ **Classe les mots dans le tableau. Un mot peut être classé dans deux colonnes.**

j'entends [ɑ̃]	j'entends [ɔ̃]	j'entends [ɛ̃]

ensuite • la fin • une main • un maçon • éteindre • un marin • un pain • un pont • encore • du charbon • une enceinte • un empereur • une ronde • un jardin • un pont • une ampoule

Écrire les sons [ɑ̃], [ɔ̃] et [ɛ̃]

Tu peux utiliser un dictionnaire pour vérifier l'orthographe des mots.

5 ✶ **Complète avec *an* ou *on*.**

un éléph…t • un ourag… • une r…de • un bouch… • une pl…te • un mel… • la m…tagne • une bal…çoire • un ball…

6 ✶✶ **Complète avec *an* ou *en*.**

un médicam…t • un pélic… • …lever • un m…songe • une lég…de • une l…terne • un ch…teur • un d…tiste • un tobogg…

Défi langue

Observe ces mots. Trouve une règle qui explique pourquoi *an* et *en* s'écrivent parfois *am* et *em*.

a. une plante • le divan • maintenant • une ambulance • une chambre • une ampoule

b. une tente • lente • la pente la tempête • trembler • le temps

7 ✶✶ **Complète les mots avec *in*, *ain* ou *ein*.**

a. un sap… • un fr… • un refr… • m…tenant

b. le pr…temps • ét…dre • un b… • p…dre

c. un c…tre • un mar… • un vacc… • un gr… de blé

d. un magas… • un écriv… • un …cendie • un mannequ…

8 ✶✶ **Écris les noms représentés par les dessins.**

J'écris

9 ✶ **Fais la liste des courses.**

Aide-toi du dessin.

Je révise

Identifier les sons [j], [o], [wa] et [wɛ̃]

1 ★ **Classe les mots dans le tableau.**

j'entends [j]	je n'entends pas [j]

une famille • une ville • tranquille • de la vanille • un villageois • une fille • une bille • du bouillon • une malle • une médaille • une pile • un crocodile

2 ★ **Recopie les mots et entoure la lettre (les lettres) qui fait (font) le son [j].**

a. un noyau • une quille • le pied • un yoyo

b. un rayon • un maillot • une oreille • un pompier

c. du papier • joyeux • les yeux • glacial

3 ★ **Complète les mots avec *i*, *y* ou *ill*.**

a. une p…èce • bala…er • de la pa…e

b. un pal…er • une sorc…ère • un ra…on

c. une fam…e • p…anoter • ennu…eux

4 ★ **Écris le nom des animaux. Ils contiennent tous le son [j].**

a.

c.

b.

d.

5 ★ **Classe les mots dans le tableau.**

Certains mots peuvent aller dans deux colonnes.

j'entends [o]		
je vois *o*	je vois *au*	je vois *eau*

automatique • un robot • un taureau • le loto • beaucoup • un rideau • un grelot • gros • un râteau • un gyrophare • une aubergine • un bateau • un veau • une moto • une autruche

6 ★ **Recopie uniquement les mots dans lesquels tu entends le son [u].**

a. un amoureux • rebondir • une saison • un moulin

b. de la moutarde • une toupie • moins • une voiture

c. se nourrir • un violon • autoriser • une ouverture

d. oublier • une voisine • de la mousse • revoir

7 ★ **Recopie la liste sans intrus.**

loin • moins • un poing • un point • le poids • joindre • une pointe • rejoindre

8 ★ **Complète les mots avec *oi* ou *oin*.**

a. On finit une phrase par un p…t.

b. Il est tard, tu d…s dormir !

c. La v…ture est dans le garage.

d. Va jouer, ne reste pas dans ton c… .

9 ★★ **Complète avec *oi* ou *oin*.**

un m…neau • l… • v…r • un bon p…t • une dem…selle • un c… • une arm…re • une v…le • du f… • un mouch…r • b…re

Différencier les sons [e] et [ɛ]

10 ✶ **Choisis l'écriture qui convient pour compléter les mots.**

a. Préférez-vous le th… ou le caf… ?
→ *é* • *è*

b. Il prend son …lan pour sauter. → *é* • *er*

c. De la fum… sort de la chemin… .
→ *é* • *ée*

d. Le boulang… vend de très bons sabl…s au chocolat. → *é* • *er*

11 ✶ **Choisis l'écriture qui convient pour compléter les mots.**

a. Il pleut, j'ai fermé les fen…tres. → *ê* • *è*

b. Si tu vas à la p…che, emporte tes bottes vertes. → *è* • *ê*

c. J'esp…re rentrer tôt. → *ai* • *è*

d. La n…ge recouvre les arbres. → *ei* • *è*

12 ✶✶ **Classe les mots dans le tableau.**

Certains mots peuvent aller dans les deux colonnes.

j'entends [e]	j'entends [ɛ]

un élève • une aiguille • peigner • vous chantez • de la peine • la mer • hésiter • l'éternité • une épingle • une maison • la maitresse • une étable • le maire • un cerisier • une baleine • un poulet • une cuillère • maltraiter • un érable

Différencier les sons [ɑ̃], [ɔ̃] et [ɛ̃]

13 ✶ **Recopie à chaque fois le mot qui contient le son [ɑ̃].**

a. une bande • un bond

b. un édredon • un étang

c. encore • un oncle

d. la tente • la tonte

14 ✶ **Complète avec *en* ou *an*.**

le ch…t • mam… • gr…dir • il m…t • l…t • le d…tiste • une pl…te • une b…de • le v…t • une pl…che

15 ✶✶ **Écris les noms représentés par les dessins. Ils contiennent tous le son [ɑ̃].**

Devant m, b et p, le son [ɑ̃] s'écrit avec m au lieu de n.

16 ✶ **Complète chaque série avec *on*, *an* ou *en*.**

a. du sav… • un b…b… • une chans…

b. un …fant • …semble • …tourer

c. une bal...ce • la d...se • un f...tôme

d. une m...tagne • un mens...ge • l...g • bl...d

17 ✶ **Forme trois nouveaux mots contenant le son [ɔ̃] à partir des mots proposés.**

le bout | un chat | mais | un rat

18 ✶ **Forme de nouveaux mots en ajoutant le son [ɛ̃] aux mots de la liste.**

visible • connu • complet • fini

19 ✶✶ **Les mots de chaque liste contiennent le son [ɑ̃] sauf un. Recopie chaque liste sans intrus.**

a. un serpent • septembre • une enveloppe • un concombre

b. une angine • un oncle • enjamber • une lanterne

c. décembre • tenter • monter • une pente

Le féminin des noms

Cherchons

- Donnez le métier de chaque personnage.
- Nommez à nouveau chaque métier en commençant par *une*. Que remarquez-vous ?

Je retiens

- Le **féminin d'un nom** se forme souvent en ajoutant un e au nom masculin.

*un avocat → une avocat**e***

- Mais on trouve aussi :

– des **terminaisons différentes** au féminin.

*un music**ien** → une music**ienne***
*un boulang**er** → une boulang**ère***
*un maitre → une maitr**esse***
*un coiff**eur** → une coiff**euse***
*un fact**eur** → une fact**rice***
*un sporti**f** → une sporti**ve***

– des **noms féminins différents** des noms masculins.

un garçon → une fille
un homme → une femme

– des **noms féminins qui ne changent pas** du masculin.

un fleuriste → une fleuriste

Connaitre le féminin des noms

1 ★ Classe les noms dans le tableau.

Certains noms peuvent être classés dans les deux colonnes.

noms masculins	noms féminins

roi • frère • éléphant • lionne • dentiste • reine • sœur • éléphante • vétérinaire • mouton • couturière • ami • couturier • brebis • amie • lion • journaliste

2 * **Regroupe les noms par paires et recopie-les sur ton cahier en ajoutant le déterminant qui convient.**

infirmier • père • voyageur • oncle • acteur • gardienne • gardien • voyageuse • mère • actrice • infirmière • tante

3 * **Associe chaque nom masculin au nom féminin correspondant.**

un patron ○	○ une princesse
un berger ○	○ une cliente
un client ○	○ une conductrice
un conducteur ○	○ une bergère
un prince ○	○ une patronne

Défi langue

Cherche le point commun entre les mots en gras. Comment as-tu trouvé la réponse ?

un frère • **un stylo** • un invité • un coiffeur • un jongleur • **un tracteur** • un cheval • **un pas** • un homme

Écrire des noms au féminin

4 * **Écris chaque nom au féminin.**

a. un tigre → une …
b. un collégien → une …
c. un client → une …
d. un curieux → une …
e. un chanteur → une …

5 * **Complète avec le nom qui convient.**

a. un … → une passagère
b. un explorateur → une …
c. un acrobate → une …
d. un … → une cuisinière
e. un aviateur → une …

6 * **Écris les noms suivants au féminin.**

a. un chien • un ennemi • un sorcier
b. un enseignant • un paysan • un menteur
c. un maitre • un spectateur • un marchand
d. un patient • un habitant • un opticien •
e. un guitariste • un capitaine • un dentiste

7 * **Écris les noms représentés par les dessins.**

8 ** **Recopie le nom féminin correspondant au nom masculin.**

un loup → une louve

a. un loup → une louve • une loupe
b. un ogre → une ogre • une ogresse
c. un libraire → une librairie • une libraire
d. un prisonnier → une prisonnière • une prison
e. un écolier → une écolière • une école

J'écris

9 ** **Écris le nom des animaux représentés au féminin. Puis emploie-les dans une phrase.**

Le féminin des adjectifs qualificatifs

Cherchons

- Observez les illustrations. Associez l'adjectif qui correspond à chaque illustration.
- Quels mots changent ? Comment changent-ils ?
- Quel mot ne change pas ?

Je retiens

- Le **féminin d'un adjectif qualificatif** se forme, le plus souvent, en ajoutant un e à l'adjectif masculin.

  *un grand chalet → une grand**e** maison*

  *un pantalon bleu → une robe bleu**e***

- On trouve aussi :

– **d'autres terminaisons.**

*anci**en** → anci**enne***
*peur**eux** → peur**euse***
*discr**et** → discr**ète***
*premi**er** → premi**ère***
*neu**f** → neu**ve***
*dou**x** → dou**ce***

– **certains adjectifs ne changent pas** au féminin.

*un garçon **jeune** → une fille **jeune***

– des **adjectifs différents** au féminin et au masculin.

*un **beau** ballon → une **belle** balle*

! On n'entend pas toujours la transformation de l'adjectif au féminin.
*un joli papillon → une joli**e** fleur*

Distinguer les adjectifs féminins

1 ★ **Classe les adjectifs dans le tableau.**

adjectifs masculins	adjectifs féminins

neuve • grand • usé • petit • jolie • dur • gentille • géante • souriante • nouveau • gai • heureuse • blanc • grise • basse

2 ★ **Regroupe les adjectifs par paires et recopie-les sur ton cahier.**

bleue • blanc • chaude • chaud • curieuse • complète • complet • bleu • blanche • curieux

Défi langue

Quel est l'intrus caché dans chaque liste ? Explique chacune de tes réponses.

a. haute • ouverte • terrifiante • poilu
b. grande • belle • craintif • profonde
c. méchante • intéressante • mondial • merveilleuse
d. égal • jeune • célèbre • puissante

3 ★★ **Recopie chaque phrase en choisissant le groupe nominal qui convient.**

Observe bien la terminaison des adjectifs en gras.

a. *(Un camion • Une voiture)* **bleu** tourne à gauche.
b. *(Une journée • Un matin)* **ensoleillée** est prévue pour demain.
c. *(Un chanteur • Une chanteuse)* **talentueuse** donne un concert ce soir.
d. *(Un élève • Une élève)* **appliqué** finit son travail.

Écrire des adjectifs au féminin

4 ★ **Recopie les phrases en choisissant l'adjectif qui convient.**

a. La baleine *(blanc • blanche)* est en voie de disparition.
b. Une *(doux • douce)* brise souffle sur la plage.
c. Un ogre vivait dans une région *(lointain • lointaine)*.

5 ★ **Complète les adjectifs.**

a. une nappe rayé…
b. une robe noir…
c. une fillette ravi…
d. une plante vert…

6 ★★ **Écris les adjectifs au féminin.**

poli • mauvais • beau • bas • gros • épais • attentif • bon • curieux • mignon

7 ★★ **Écris le nom des objets représentés en leur ajoutant un adjectif.**

J'écris

8 ★★ **Décris ce personnage en utilisant des adjectifs au féminin.**

Le pluriel des noms

Cherchons

La mer est une ressource importante pour les **hommes**. Beaucoup d'**animaux** et de **végétaux** vivent dans l'**eau** salée de la mer. Dans certains **pays**, les hommes ont construit des usines qui enlèvent le sel de l'eau de mer. L'eau qui sort de l'usine peut alors être utilisée pour boire ou pour arroser les légumes.

- **Observez les mots en orange. Sont-ils au singulier ou au pluriel ? Comment le savez-vous ?**
- **Comment s'écrivent les mots en vert au singulier ?**

Je retiens

- En général, on ajoute un ***s*** pour écrire un nom au **pluriel**.

  l'homme → *les hommes* (singulier → pluriel) *une usine* → *des usines* (singulier → pluriel)

- Les noms en ***-au*** et en ***-eau*** prennent un ***x*** au pluriel.

  un tuyau → des tuyaux *un gâteau → des gâteaux*

- La plupart des noms en ***-al*** font leur pluriel en ***-aux***.

  un animal → des animaux

! Les noms qui se terminent par ***s***, ***x*** ou ***z*** ne changent pas au pluriel.
un pays → des pays *la voix → les voix* *un nez → des nez*

Distinguer le singulier et le pluriel

1 * **Recopie uniquement les noms au singulier.**
tortues • clé • maisons • ordinateur • écharpes • stylo • fenêtre • bretelles • bague • bonnet • billes • toit • géographie • mathématiques • plume • lunettes

2 * **Recopie les noms au pluriel. Entoure la marque du pluriel.**

règles • trousse • livre • lettres • assiette • dictionnaires • téléphones • tambourin • courgette • chaussettes • étoiles • porte

3 ** **Recopie uniquement les noms au pluriel.**

marteau • chameaux • hôpitaux • gâteau • noyaux • bocal • tableau • animaux • anneau • manteau • radeau

4 ** **Recopie les noms en ajoutant un déterminant singulier ou pluriel.**

lapin → un lapin

Il peut y avoir plusieurs solutions.

cerises • souris • maison • châteaux • nez • vélos • château • pays

Défi langue

Cherche le point commun entre les mots en gras. Comment as-tu trouvé la réponse ?

des gants • **des ours** • des couvertures • des stylos • des mots • **des fils** • des sentiers • **des vis** • des framboises • **des sens** • des pianos • des points

Écrire au singulier et au pluriel

5 * **Complète le texte à l'aide des déterminants suivants :** ***le, la, les, un.***

Une phrase commence par une majuscule.

… piste aux étoiles brille de mille feux. … fauves viennent de pénétrer dans … cage. … son d'… tambour retentit. C'est … début du numéro. … spectateurs du cirque retiennent leur souffle.

6 * **Écris les noms au pluriel.**

a. un cartable → des …
b. l'ardoise → les …
c. le livre → les …
d. une histoire → des …
e. la craie → les …
f. le chat → les …

7 ** **Écris les noms au pluriel.**

a. un journal • un animal • un cheval
b. un nez • un prix • une noix
c. un bocal • un canal • un total

8 ** **Recopie le texte en écrivant les noms entre parenthèses au singulier ou au pluriel.**

Dans la grande *(famille)* des *(acrobate)*, les *(équilibriste)* se tiennent sur les *(main)*. Les *(contorsionniste)* plient leur corps dans tous les sens. Les *(trapéziste)* se lancent dans les *(air)* au-dessus de la *(piste)*. Les *(funambule)* marchent avec précaution sur un *(fil)* tendu au-dessus du vide.

9 **À l'oral** **Lis plusieurs fois le texte du « Cherchons ». Puis présente deux informations à tes camarades.**

J'écris

10 * **Écris la liste de ce que Théo emporte dans sa valise.**

Le pluriel des adjectifs qualificatifs

Cherchons

Comptine pour compter

Un joli chat,
Deux lapins gris,
Trois souris blanches,
Quatre vieux ânes,
Cinq beaux chameaux,
Six ouistitis petits, petits,
Ça suffit pour être heureux !

- **Relevez tous les adjectifs écrits au pluriel dans la comptine.**
- **Se terminent-ils tous de la même manière ?**

Je retiens

- Pour former le **pluriel d'un adjectif qualificatif**, on ajoute le plus souvent un ***s***.

  un joli chat → des jolis chats

  une souris blanche → des souris blanches

- Les adjectifs qui se terminent en ***-eau*** prennent un ***x*** au pluriel.

  un nouveau cartable → des nouveaux cartables

- La plupart des adjectifs en ***-al*** font leur pluriel en ***-aux***.

  un stylo spécial → des stylos spéciaux

! Les adjectifs qui se terminent par ***s*** ou par ***x*** ne changent pas au pluriel.
un lapin gris → des lapins gris   *un vieux lion → des vieux lions*

Distinguer le singulier et le pluriel

1 * **Recopie uniquement les adjectifs au pluriel.**

a. neufs • fermé • anciens • joli • bon

b. amical • rousse • hivernal • nouveaux • merveilleux

c. petites • verts • amusant • lents • belle

d. beau • douces • délicieuse • original • fatigués

2 ★ **Classe les adjectifs dans le tableau.**

pluriel en *s*	pluriel en *x*

long • court • dangereux • surpris • petit • grand • intelligent • joyeux • magique • maigre • beau • énorme • curieux • peureux • énervant

3 ★★ **Recopie uniquement les adjectifs qui se terminent par *x* au pluriel.**

a. gros • heureux • rouge • original
b. blanc • nombreux • haut • usé
c. sombre • furieux • paresseux • courte
d. creux • prêt • chanceux • musclé
e. blond • régional • inférieur • spécial

4 ★★ **Dans le texte, recopie uniquement les adjectifs qui sont au pluriel.**

En entrant dans le vieux château, Pierre n'était pas fier. Le décor autour de lui était ancien et poussiéreux. Les tentures étaient grises : leurs belles couleurs avaient disparu depuis longtemps. Il arriva dans une pièce aux murs hauts et aux fenêtres majestueuses. D'étranges sons arrivaient jusqu'à lui. Soudain, il eut un peu peur.

Défi langue

À ton avis, pourquoi « vieux » s'écrit-il de la même façon dans ces deux groupes ?
un **vieux** balai des **vieux** balais

Écrire au singulier et au pluriel

5 ★ **Écris les adjectifs au pluriel.**

a. gris • épais • lent • éblouissant
b. méchante • rapide • sauvage • facile
c. nouveau • beau • vertical • horizontal
d. malheureux • pâle • blanc • neuf
e. charmante • vissé • petite • amical

6 ★★ **Écris les adjectifs au singulier ou au pluriel.**

a. une voiture rouge → des voitures …
b. un vieux cheval → des … chevaux
c. un film … → des films drôles
d. un livre neuf → des livres …

7 ★★ **Complète les adjectifs avec *s* ou *x*.**

a. Louise a mis ses nouveau… chaussons de danse.
b. Mon grand-père collectionne les petite… voitures ancienne… .
c. Les chiens de mon voisin sont féroce… .
d. Yacine n'aime pas les vieu… films, il les trouve ennuyeu… .

8 ★★ **Complète les adjectifs avec *al* ou *aux*.**

a. un sourire amic…
b. des bijoux roy…
c. des films origin…
d. un matin glaci…
e. des traits vertic …
f. des espions très spéci…

J'écris

9 ★★ **Aide-toi du dessin pour écrire des phrases en utilisant des adjectifs au pluriel.**

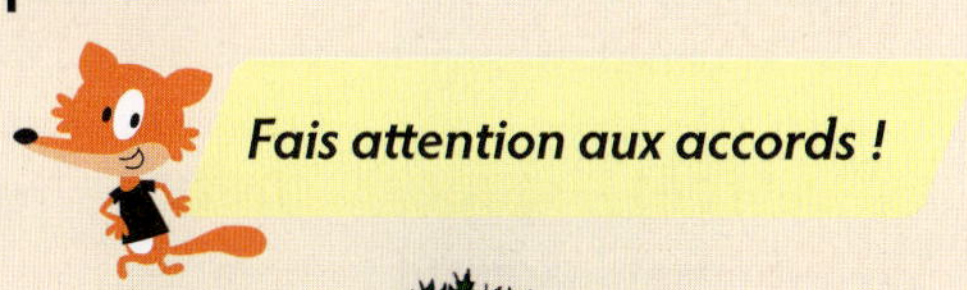

Les accords dans le groupe nominal

Cherchons

une jolie **chatte** — un vieux **chat** — des jeunes **chats**

- **Observez les mots en bleu et les adjectifs.**
- **Indiquez leur genre et leur nombre. Que remarquez-vous ?**

Je retiens

- Dans un **groupe nominal** (GN), le **déterminant** et l'**adjectif s'accordent en genre** (masculin ou féminin) et **en nombre** (singulier ou pluriel) **avec le nom.**

une (déterminant) *jolie* (adjectif) *chatte* (nom) = GN
→ Le nom est au féminin et au singulier, le déterminant et l'adjectif aussi.

un (déterminant) *vieux* (adjectif) *chat* (nom) = GN
→ Le nom est au masculin et au singulier, le déterminant et l'adjectif aussi.

des (déterminant) *jeunes* (adjectif) *chats* (nom) = GN
→ Le nom est au masculin et au pluriel, le déterminant et l'adjectif aussi.

Reconnaitre le genre et le nombre d'un groupe nominal (GN)

1 * **Dans chaque GN, souligne le nom et indique son genre (féminin ou masculin).**
a. un oiseau **b.** une tarte **c.** une voiture **d.** des papillons **e.** cette gare

2 * **Dans chaque GN, souligne le nom et indique son nombre (singulier ou pluriel).**

a. un lion féroce
b. des étoiles filantes
c. une tortue lente
d. un animal sauvage

3 ** **Classe les GN dans le tableau. Souligne en bleu les GN masculins et en rouge les GN féminins.**

GN singulier	GN pluriel

des récipients vides • un vent fort • une grosse bobine • une bouteille pleine • un moteur rapide • des belles photos • des flèches puissantes • un groupe nominal

4 ** **Complète avec le déterminant qui convient : *un*, *une* ou *des*.**

… souris grise • … ordinateurs récents • … chats blancs • … bourgeons éclos • … nouvelle maitresse • … vieux journal • … étoiles brillantes • … vélo neuf

Accorder le groupe nominal

5 * **Fais les accords si nécessaire.**

a. un chat noir…
b. une armoire rangé…
c. des chemises propre…
d. des machines performant…
e. un bolide éclatant…
f. des enfants content…

6 * **Associe les mots pour obtenir des groupes nominaux.**

	○ jupes ○	○ noir
un ○	○ chat ○	○ bleue
une ○	○ maisons ○	○ noirs
des ○	○ robe ○	○ courtes
	○ chats ○	○ neuves

Défi langue

Complète les groupes nominaux avec le mot entre parenthèses qui convient. Explique comment tu as choisi.

a. un garçon (*sérieux* • *sérieuse*)
b. une belle (*voiture* • *téléviseur*)

7 ** **Complète les groupes nominaux avec un nom ou un adjectif.**

Pense à accorder l'adjectif avec le nom.

a. des billes …
b. des chiens …
c. des poches …
d. une assiette …
e. une soupe …
f. un … fort
g. un … gâteau
h. des lumières …

8 ** **Complète les groupes nominaux en faisant les accords nécessaires.**

une pluie violente → un vent violent

a. ma gentille maman → … … papa
b. ce gros chat → … … souris
c. un tiroir vide → … armoire …
d. son frère ainé → … sœur …
e. une voiture neuve → … camion …

J'écris

9 * **Cherche ou invente trois titres de contes.**

Les Trois Petits Cochons…

Utilise des groupes nominaux.

L'accord du verbe avec le sujet

Cherchons

Valentin pose une carte.

Les cartes tombent.

- Observez les dessins et les deux phrases.
- Qui pose une carte ? Quelle est la terminaison du verbe ?
- Qu'est-ce qui tombe ? Quelle est la terminaison du verbe ?

Je retiens

- Le verbe **s'accorde toujours** avec **son sujet** :

– si le **sujet** est au **singulier**, le **verbe** est au **singulier**.

Valentin *pose* *une carte.*
sujet au singulier verbe au singulier

– si le **sujet** est au **pluriel**, le **verbe** est au **pluriel**.

Les cartes ***tombent***.
sujet au pluriel verbe au pluriel

Reconnaitre les sujets au singulier ou au pluriel

1 * **Indique si les sujets en gras sont au singulier ou au pluriel.**

a. **L'abeille** tourne autour des fleurs.
b. **Le musicien** accorde son instrument.
c. **Léa et Tom** se préparent pour aller à la piscine.
d. **Le chat** ronronne.

2 * **Recopie les phrases avec le verbe qui convient.**

a. L'été, les moustiques (*pique* • *piquent*).
b. Le chat (*ronronne* • *ronronnent*).
c. Les policiers (*enquête* • *enquêtent*).
d. Le maitre (*corrige* • *corrigent*) les exercices de mathématiques.

3 ★ **Recopie les phrases avec le sujet qui convient.**

a. *(L'avion • Les avions)* décollent.
b. *(La monitrice • Les monitrices)* surveillent les enfants dans le parc.
c. *(Le ballon • Les ballons)* se dégonfle.
d. *(La radio • Les radios)* diffuse une chanson.

4 ★★ **Associe les sujets aux verbes qui conviennent.**

La fleur ○	○ explique un exercice.
Les élèves ○	○ parfument le salon.
Les fleurs ○	○ aboie.
La maitresse ○	○ est belle.
Les chiens ○	○ jouent dans la cour.
Un chien ○	○ aboient.

Accorder le verbe avec son sujet

5 ★ **Complète les verbes avec la terminaison qui convient : *e* ou *ent*.**

a. Les éléphants barriss… très fort.
b. Les fauves arriv… sur la piste.
c. Le dompteur cri… leur nom.
d. Les spectateurs frissonn… de peur.
e. L'écuyère chevauch… avec grâce.

Défi langue

Indique si les phrases concernent un ou deux hippopotames. Quel mot te permet de le savoir ?

1. 2.

a. A besoin de sa maman. → …
b. Aiment prendre des bains de boue. → …
c. Est de petite taille. → …
d. N'utilisent pas leurs canines pour se nourrir. → …

6 ★★ **Complète les phrases avec le sujet de ton choix.**

Observe bien la terminaison du verbe.

a. … regarde la télévision.
b. … flottent au vent.
c. … éclabousse les passants.
d. … aime le chocolat.
e. … jouent avec une balle.
f. … dompte les tigres.

7 ★★ **Réécris chaque phrase en mettant le sujet en gras au pluriel. Souligne la terminaison du verbe.**

a. **La calculatrice** fonctionne très bien.
b. **Le téléphone** sonne longtemps.
c. **La voiture** roule à vive allure.
d. **L'oiseau** se pose sur la branche.
e. **Le chat** miaule pour rentrer.
f. **La grenouille** coasse au bord de la mare.

J'écris

8 ★★ **Observe les enfants sur le dessin. Que font-ils ? Décris ce que tu vois.**

Pense à accorder le verbe avec son sujet.

Écrire des noms et des adjectifs au féminin

1 ✱ Complète en accordant l'adjectif avec le nom.

a. une robe noir…
b. une souris vert…
c. une lumière éclatant…
d. une haie taillé…
e. une étoile scintillant…
f. une veste blanc…
g. une grand… maison

2 ✱ Associe les groupes nominaux au masculin et au féminin.

une factrice rapide
une vendeuse efficace
un instituteur patient
une institutrice patiente
un directeur sévère
une directrice sévère
un facteur rapide
un vendeur efficace

3 ✱ Écris les groupes nominaux au féminin.

a. un marchand content
b. un vilain sorcier
c. un grand cuisinier
d. un petit garçon

4 ✱✱ Écris les groupes nominaux au féminin.

a. un gentil boulanger
b. un merveilleux magicien
c. un nouveau fleuriste
d. un chat blanc

5 ✱✱ Recopie les phrases en écrivant les mots entre parenthèses au féminin.

a. À la campagne, il y a de moins en moins de *(paysans)*.
b. En ville, il y a de plus en plus d'*(habitants)*.
c. On parle beaucoup des droits des *(citoyens)*.
d. *(Mon père, mon oncle et mes cousins)* jouent aux cartes.
e. *(Mon frère)* aura sept ans demain.

Écrire des noms et des adjectifs au pluriel

6 ✱ Écris les groupes nominaux au pluriel.

un cahier propre • un livre intéressant • un crayon pointu • un exercice difficile • un vieux cheval • un appareil silencieux • une écharpe chaude

7 ✱✱ Écris les groupes nominaux au pluriel.

un envoyé spécial • un appartement spacieux • une période estivale • un canoë à deux places • un joli bouquet de fleurs • une vieille maison hantée

Accorder le groupe nominal

8 ★ **Classe les groupes nominaux (GN) dans le tableau.**

GN singulier	GN pluriel

des fruits exotiques • un vieux jouet • de doux rêves • un air léger • une chanson entrainante • une personne merveilleuse • des enfants gais • un adorable chaton

9 ★ **Recopie les groupes nominaux en choisissant l'adjectif correctement accordé.**

a. un paysage *(magnifique • magnifiques)*
b. une tempête *(forte • fortes)*
c. un élève *(nouveau • nouvelle)*
d. une mer *(agité • agitée)*
e. un sac *(déchirée • déchiré)*

10 ★ **Complète chaque groupe nominal avec un mot qui convient.**

a. un hippopotame …
b. une … pressée
c. un … rapide
d. des portes …

11 ★★ **Complète les groupes nominaux en faisant les accords nécessaires.**

a. des chat… sauvage…
b. des ouistiti… agile…
c. une grenouille… vert…
d. une lion… féroce…
e. des gazelle… rapide…

Dans les exercices 12 et 13, observe bien les terminaisons. Ajoute un adjectif ou un nom.

12 ★★ **Construis un groupe nominal avec chaque nom.**

balle • cerceaux • voitures • jeu • bagues

13 ★★ **Construis un groupe nominal avec chaque adjectif.**

vieux • adorables • jalouse • malchanceux • sympathique • impoli

Accorder le verbe avec son sujet

14 ★ **Complète les verbes avec la terminaison qui convient : *e* ou *ent*.**

a. Le concurrent tomb… à la dernière haie.
b. Les nombreux spectateurs encourag… les participants.
c. Les Jeux olympiques se termin… bientôt.
d. Les médailles brill… au cou des sportifs.

15 ★ **Recopie les phrases en choisissant le verbe correctement accordé.**

a. Cette tribu *(vit • vivent)* uniquement de la pêche et de la chasse.
b. Les baleines *(s'échoue • s'échouent)* parfois sur les plages.
c. Les températures *(est • sont)* basses.
d. Ce dauphin *(montre • montrent)* qu'il *(aime • aiment)* communiquer.

16 ★★ **Complète les phrases avec le sujet de ton choix.**

Observe bien la terminaison du verbe.

a. … participe au match avec fierté.
b. … crie son nom.
c. … applaudissent avec joie.
d. … contestent le but.

Ce que je dois savoir à la fin de mon CE1

Reconnaitre le féminin des noms

le féminin des noms

- un avocat → une avocate
- un boulanger → une boulangère
- un fleuriste → une fleuriste
- un garçon → une fille

Reconnaitre le féminin des adjectifs

le féminin des adjectifs

- grand → grande
- ancien → ancienne
- jeune → jeune
- beau → belle

Accorder les éléments du groupe nominal

Dans un groupe nominal, le déterminant et l'adjectif s'accordent en genre et en nombre avec le nom.

une grande maison

des grandes maisons

Reconnaitre le pluriel des noms

le pluriel des noms

un homme ↓ des hommes

le tuyau, un gâteau ↓ les tuyaux, des gâteaux

le pays, un nez, la voix ↓ les pays, des nez, les voix

un animal ↓ des animaux

Reconnaitre le pluriel des adjectifs

le pluriel des adjectifs

joli ↓ jolis

nouveau ↓ nouveaux

gris ↓ gris

spécial ↓ spéciaux

Accorder le verbe avec le sujet

Karim (sujet au singulier) joue (verbe au singulier) de la guitare.

Les enfants (sujet au pluriel) jouent (verbe au pluriel) de la guitare.

L'ordre alphabétique

Cherchons

- Que voyez-vous sur l'illustration ?
- Combien de lettres comporte l'alphabet ? Existe-t-il une manière particulière de classer les lettres ?

Je retiens

- L'**alphabet** comporte **26 lettres** :

– **a, e, i, o, u, y** sont appelées les **voyelles** ;

– **b, c, d, f, g, h, j, k, l, m, n, p, q, r, s, t, v, w, x, z** sont appelées les **consonnes**.

- On présente habituellement l'alphabet ainsi :

a b c d e f g h i j k l m n o p q r s t u v w x y z

C'est l'**ordre alphabétique**.

- Grâce à l'ordre alphabétique, on peut facilement trouver un mot dans le dictionnaire.

Jouer avec les lettres

1 ✶ **Trouve les réponses aux devinettes en utilisant uniquement des voyelles. Chaque tiret correspond à une lettre.**

a. Je suis une partie du visage : le n _ z.

b. Grâce à nous, tu peux voir : les _ _ _ x.

c. Grâce à moi, tu goutes les aliments : la l _ ng _ _ .

d. Tu en as cinq à chaque main : les d _ _ gts.

Les réponses sont des parties du corps.

2 * **Trouve les réponses aux devinettes en utilisant uniquement des consonnes. Chaque tiret correspond à une lettre.**

Les réponses sont des objets qui se trouvent dans ton cartable.

a. Tu y ranges tes crayons : la _ _ ou _ _ e.
b. Tu l'utilises pour effacer : la _ o _ _ e.
c. Avec elle, tu mesures : la _ è _ _ e.
d. Tu l'utilises pour colorier : un _ eu _ _ e.
e. Tu écris avec : un _ _ y _o.

3 * **Trouve cinq mots qui commencent par une voyelle.**

Connaitre l'ordre alphabétique

4 * **Complète chaque série avec la lettre qui manque.**

a. a b c d _ f
b. m n o _ q
c. e f g _ i j
d. r s t _ v w
e. _ q r s t
f. j k _ m n

5 * **Recopie les lettres de chaque série dans l'ordre alphabétique.**

a. c • e • d
b. m • n • l
c. j • i • k
d. x • v • w
e. z • y • x
f. a • c • b

6 * **Recopie uniquement les séries qui sont dans l'ordre alphabétique.**

a. a b c d e
b. g h i j k l
c. f d e g
d. l m n o p
e. r q u v
f. v w x y

7 ** **Réponds par vrai ou faux.**

a. a est après b.
b. b est avant a.
c. x est avant y.
d. z est avant y.
e. t est après s.
f. s est avant t.

8 ** **Recopie les groupes de lettres dans l'ordre alphabétique.**

a. ef • es • ec
b. ac • at • an
c. oi • os • ob
d. ri • ra • re

9 ** **Trouve les réponses aux devinettes, tu pourras lire un mot.**

Je suis la 2e lettre de l'alphabet : … .
Je suis la 18e lettre de l'alphabet : … .
Je suis la 1re lettre de l'alphabet : … .
Je suis la 22e lettre de l'alphabet : … .
Je suis la 15e lettre de l'alphabet : … .

Ranger des mots dans l'ordre alphabétique

Défi langue

Range les mots de chaque série dans l'ordre alphabétique. Explique comment tu fais pour ne pas te tromper.

a. pluie • fatigue • suspendre
b. survoler • torchon • pourtant
c. préau • orange • géant

10 ** **Recopie les séries seulement si les mots sont bien rangés.**

Lorsque deux mots commencent par la même lettre, il faut regarder la 2e lettre. Si elle est identique, alors il faut regarder la 3e lettre.

a. bébé • bêche • beignet
b. paquet • parachute • parquet
c. inégal • individu • inévitable
d. gendarme • gêner • général

J'écris

11 * **Écris un acrostiche avec les lettres de ton prénom.**

Par exemple, pour Éva :
***É**nergique*
***V**ive*
***A**musante*

Chercher un mot dans un dictionnaire

Cherchons

caractère

A B C D E F G H I J

caractère nom masculin
Le **caractère** d'une personne est sa manière d'être, de se comporter. *Zoé est toujours de bonne humeur, elle a son* ***caractère****.*

carafe nom féminin
Une **carafe** est une sorte de bouteille qui a une base très large.

caramel nom masculin
Un **caramel** est un bonbon marron fait avec du sucre et du lait cuits et parfumé au café, au chocolat ou à la vanille. ***Les caramels*** *mous contiennent du beurre.*

carapace nom féminin
Une **carapace** est l'enveloppe dure qui protège le corps de certains animaux. *En cas de danger, la tortue rentre sa tête sous sa* ***carapace****.*

caravane nom féminin
❶ Une **caravane** est une petite maison sur roues, tirée par une voiture. *Cet été, nous allons camper dans une* ***caravane****.*
❷ Une **caravane** est un groupe de personnes qui traverse le désert avec des chameaux ou des dromadaires.
→ Cherche **roulotte**.

- **Combien y a-t-il de colonnes sur cette page de dictionnaire ?**
- **Combien y a-t-il de mots expliqués sur cette page ?**
- **À votre avis, pourquoi la lettre *C* est-elle encadrée en jaune dans la marge ?**

Je retiens

- Dans le **dictionnaire**, les mots sont rangés dans l'**ordre alphabétique**.

Pour chercher un mot, **il faut regarder l'ordre des lettres** : ***caractère*** est placé avant ***carafe*** car les quatre premières lettres sont identiques mais le ***c*** est avant le ***f*** dans l'alphabet.

- Les **mots expliqués** sont écrits en **couleur** ou en **gras**.
- En haut de la page à gauche, en orange, on trouve le mot ***caractère*** : c'est le premier mot expliqué dans la page.

Prendre des repères dans le dictionnaire

1 * **Observe la page de dictionnaire et réponds aux questions.**

a. Quelle est la première lettre de chaque mot ?
b. Quelle est la deuxième lettre de chaque mot ?
c. La troisième lettre est-elle toujours identique ?

Pour faire les exercices 1, 2 et 3, observe bien la page de dictionnaire du « Cherchons ».

2 * **Retrouve le mot *carafe* dans la page de dictionnaire et réponds aux questions.**

a. Quel mot est placé juste avant ?

b. Quel mot est placé juste après ?

c. Y a-t-il des verbes sur cette page ?

3 * **Pour chaque mot, indique si tu peux le trouver avant ou après cette page de dictionnaire.**

chouette • car • caméra • choucroute • caresse • clignoter • capuchon • cochon • cœur • capitale

Utiliser un dictionnaire

Défi langue

Lequel de ces trois mots sera écrit en premier dans le dictionnaire ? Explique pourquoi.

carton cartable carte

4 * **Trouve un mot placé entre les deux mots dans le dictionnaire.**

a. patin • … • pavé

b. dinosaure • … • diriger

c. trotter • … • truffe

d. digue • … • diner

e. wagon • … • western

f. limace • … • lion

5 * **Copie tous les mots situés entre les deux mots de chaque série dans le dictionnaire.**

a. humide • humus

b. dénoyauter • dentelle

c. séance • sécateur

d. film • filtre

e. poussette • poussin

f. acrobate • acteur

6 * **Utilise un dictionnaire pour indiquer le mot qui vient après chaque mot ci-dessous.**

ballon manivelle premier bricolage

7 ** **Utilise un dictionnaire pour répondre à ces devinettes.**

a. Tu l'utilises pour laver tes cheveux : du s… .

b. C'est un short qui descend jusqu'aux genoux : un b… .

c. C'est le chef de la police dans les villes aux États-Unis : le s… .

8 ** **Utilise un dictionnaire pour trouver le pluriel de chaque mot.**

a. un protège-cahier → des …

b. un essuie-glace → des …

c. un porte-bonheur → des …

d. un ouvre-boite → des …

9 ** **Utilise un dictionnaire pour trouver l'orthographe des mots représentés par ces dessins. Puis classe-les dans l'ordre alphabétique.**

a. 

b. 

c. 

J'écris

10 ** **Choisis un verbe et un nom dans un dictionnaire. Puis écris une phrase avec ces mots.**

Lire et comprendre un article de dictionnaire

Cherchons

▸ **maison** (une) (Nom)
Bâtiment où habitent des gens. *La **maison** de mon grand-père est au bout de la rue.*
➡ Regarde page 336 : **la maison**.

Dictionnaire Hachette Benjamin CP-CE1, © Hachette Livre, 2014.

- Dans quel livre pouvez-vous lire ce texte ?
- Quelles informations apporte-t-il ?

Je retiens

- Un article de dictionnaire donne l'**orthographe** et le **sens** d'un mot.

! Lorsqu'un mot a plusieurs sens, ils sont numérotés.

- Il donne aussi d'autres informations :

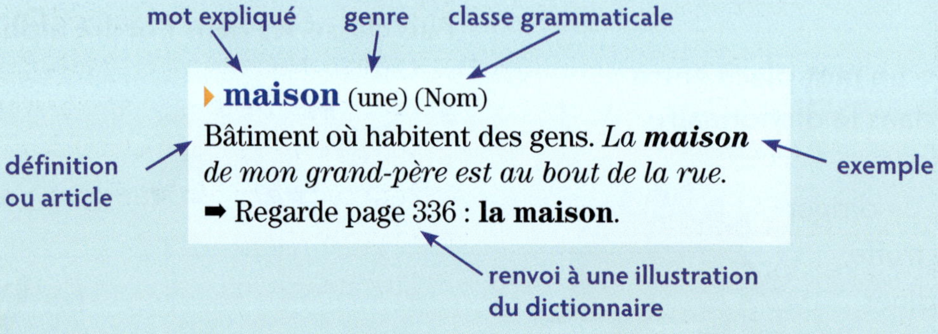

▸ **maison** (une) (Nom)
Bâtiment où habitent des gens. *La **maison** de mon grand-père est au bout de la rue.*
➡ Regarde page 336 : **la maison**.

Savoir lire un article de dictionnaire

1 * **Lis cet article de dictionnaire, puis réponds aux questions.**

▸ **malin** (Adjectif)
Rusé et débrouillard. *William est **malin** comme un singe.* (On dit aussi **astucieux** ou **futé**.) ➡ Il est malin, elle est mal**igne**.

Dictionnaire Hachette Benjamin CP-CE1,
© Hachette Livre, 2014.

a. Quelle est la classe grammaticale de ce mot ?
b. Cet article te permet-il de trouver le féminin de ce mot ?
c. Copie la phrase exemple.
d. Écris une phrase avec le mot malin.

2 ✶ **Cherche les mots suivants dans un dictionnaire. Indique leur classe grammaticale.**

a. grand • écouter • écrire

b. dictionnaire • chercher • dans

3 ✶ **Associe chaque mot à sa définition.**

1. une louche
2. une passoire
3. une casserole
4. une poêle

a. Ustensile percé de petits trous.

b. Récipient muni d'un manche qui sert à faire cuire les aliments.

c. Grande cuillère à long manche.

d. Ustensile de cuisine large et plat pour faire cuire les aliments.

4 ✶✶ **Cherche dans un dictionnaire la définition des mots suivants. Recopie-la dans ton cahier.**

a. flâner

b. moue

c. xylophone

d. gaufrette

Utiliser le dictionnaire pour connaître le sens d'un mot

5 ✶ **Lis cet article de dictionnaire, puis réponds aux questions.**

▸ **tenter** (Verbe)
1. Faire quelque chose avec l'espoir de réussir. *Les alpinistes **ont tenté** d'atteindre le sommet de la montagne, mais ils n'ont pas réussi.*
2. Donner une envie. *Le gâteau au chocolat **a tenté** tous les invités.*

Dictionnaire Hachette Benjamin CP-CE1, © Hachette Livre, 2014.

a. Quelle est la classe grammaticale de ce mot ?

b. Combien de sens a ce mot ?

c. Recopie la définition du sens 2.

Défi langue

Lis cet article de dictionnaire. Explique pourquoi *terre* s'écrit parfois avec une majuscule et parfois sans.

▸ **terre** (la) (Nom)
1. **La Terre** : la planète où nous vivons. *La **Terre** tourne autour du Soleil.*
2. Surface sur laquelle nous marchons. *Après un long voyage en mer, les marins étaient heureux de retrouver la **terre**.*
3. Matière qui forme le sol. *Le jardinier creuse un trou dans la **terre** pour planter un arbre.*

Dictionnaire Hachette Benjamin CP-CE1, © Hachette Livre, 2014.

6 ✶✶ **Cherche dans un dictionnaire les différents sens des mots suivants. Recopie-les dans ton cahier.**

a. raie

b. fouet

c. passage

d. terrible

e. ordre

f. avocat

7 ✶✶ **Associe chaque définition du mot *ampoule* à son exemple. Puis choisis un des sens de ce mot et dessine-le.**

1. Bulle de verre qui sert à éclairer.
2. Petit tube en verre rempli d'un médicament.
3. Cloque d'eau.

a. Les chaussures neuves donnent parfois des ampoules.

b. L'ampoule diffuse une lumière douce.

c. Tous les matins, je prends une ampoule de vitamines.

J'écris

8 ✶✶ **Relis l'article de l'exercice 5, puis écris une phrase pour chacun des sens du verbe *tenter*.**

Les noms génériques

Cherchons

- Faites la liste de tous les êtres vivants que vous voyez sur l'illustration.
- Séparez cette liste en deux listes distinctes.

Je retiens

- Un **nom générique** est un mot qui permet de **regrouper plusieurs mots** qui ont quelque chose en commun dans une **catégorie**.

un ***animal*** *→ un singe, une girafe, un aigle, une fourmi…*
nom générique

une ***personne*** *→ une femme, un gardien de zoo, des enfants…*
nom générique

Classer des noms à l'aide d'un nom générique

1 * Classe les noms sous le nom générique qui convient.

les légumes	les poissons	les fruits

une prune • une courgette • une truite • un concombre • un thon • une sardine • des haricots • une banane • une carotte • un poireau • un kiwi • une pomme

Défi langue

Le nom générique de cette série de mots s'est caché dans la liste. Trouve-le et explique comment tu as fait.

un sapin • un hêtre • un pin • un arbre • un chêne

2 * **Trouve un nom générique pour regrouper ces dessins.**

3 ** **Trouve un nom générique pour regrouper les noms de chaque liste.**

a. une rose • un iris • une marguerite • une violette • une tulipe

b. février • avril • juin • aout • septembre

c. un marteau • une scie • un tournevis • une pince • un rabot

d. Paris • Marseille • Lyon • Lille • Rennes

4 ** **Réponds par vrai ou faux.**

Relis le « Je retiens » avant de répondre aux questions.

a. Un nom générique regroupe plusieurs mots appartenant à la même catégorie.

b. *animal* est un nom générique.

c. *chat* est un nom générique.

d. *bleu* et *jaune* peuvent être regroupés sous le même nom générique.

Utiliser un mot plus précis que le nom générique

5 * **Recopie le tableau et écris quatre mots pour compléter chaque colonne.**

un métier	une couleur

6 * **Trouve la réponse à ces devinettes.**

a. Le sapin et le chêne sont des … .

b. Le carré et le triangle sont des … .

7 ** **Remplace le nom générique en gras par deux noms plus précis.**

*J'ai cueilli des **fleurs**.*

*→ J'ai cueilli une **tulipe** et une **rose**.*

a. Pour le piquenique, nous avons emporté des **fruits**.

b. Je nourris moi-même les **animaux domestiques** de la maison.

c. Dans ma chambre, on a déplacé les **meubles**.

d. J'aime porter mes **vêtements** préférés.

e. Dans ce zoo, il y a des **animaux sauvages**.

f. Ce matin, nous avons dessiné des **figures géométriques**.

8 ** **Complète les phrases avec des noms qui peuvent être regroupés sous le nom générique *insecte*.**

a. Cette nuit, j'ai été piqué par un m… .

b. L'a… fabrique du miel.

c. La c… est rouge avec des points noirs.

d. Quand la chenille a terminé sa transformation, elle devient un p… .

e. Les f… vivent dans une fourmilière.

f. Le « bzz » de cette m… m'énerve.

J'écris

9 ** **Trouve trois noms que l'on peut classer sous le nom générique *oiseau*. Écris une phrase avec ces noms.**

Les mots de la même famille

Cherchons

Un seul oiseau au monde est capable de **voler** en arrière : le colibri. Il bat des ailes jusqu'à 80 fois par seconde. C'est un **vol** très fatigant, il doit donc manger très souvent. Il se nourrit du liquide sucré des fleurs. Pour cela, il **survole** la fleur avant de battre des ailes très vite pour rester sur place. Quel oiseau extraordinaire !

- **Observez les mots en couleur. S'agit-il du même mot ?**
- **Quelle est la partie commune à chacun de ces mots ?**
- **Cherchez un autre mot de la même famille.**

Je retiens

- Les **mots d'une même famille** sont formés à partir d'une partie commune, le **radical** : *un **vol**, **vol**er, s'en**vol**er, sur**vol**er…*
- Pour construire des mots de la même famille, on peut ajouter :

– un **préfixe** devant le radical : *porter* → ***em**porter, **ap**porter…*

– un **suffixe** derrière le radical : *long* → *long**er**, long**ueur**…*

Reconnaitre les mots d'une même famille

1 ✶ **Associie les mots de la même famille.**

long ○	○ dangereux
danger ○	○ grandir
froid ○	○ allonger
placer ○	○ refroidir
grand ○	○ déplacer

2 ✶ **Classe les mots dans le tableau selon leur famille.**

deviner	penser	porter

une devinette • un rapporteur • un devin • un penseur • pensif • portable • devinable • une pensée • apporter

3 ★ **Recopie ces listes de mots de la même famille. Puis entoure le radical comme dans l'exemple.**

une montagne • un mont • monter

a. le dentiste • une dent • un dentier

b. une fleur • fleurir • la fleuriste

c. chanter • un chanteur • un chant

d. un muret • un mur • emmurer

e. amitié • amical • ami

f. chevaucher • cheval • chevalier

Défi langue

Un intrus s'est glissé dans chaque liste. Retrouve-le et explique ton choix à chaque fois.

Tu peux t'aider d'un dictionnaire.

a. un joueur • jouer • un jouet • le jour

b. passer • une partie • un passage • dépasser

c. descendre • une descente • descendant • une description

Trouver des mots de la même famille

4 ★ **Pour chaque mot, trouve deux autres mots de la même famille.**

a. le jardinage

b. la chasse

c. la cuisine

d. le dessin

e. le matin

5 ★★ **Pour chaque nom, trouve un verbe de la même famille.**

la montagne → monter

a. un chercheur

b. le plongeoir

c. une grosseur

d. le compte

e. un peintre

f. une interdiction

g. un refroidissement

h. un navigateur

6 ★★ **Trouve la réponse à cette devinette.**

Je suis un mot féminin de la même famille que cacher. Si je suis bonne, je suis difficile à trouver. Qui suis-je ?

7 ★★ **Complète les phrases avec les mots de la liste. Ils sont tous de la même famille.**

laitage laitière allaiter lait

a. Tous les matins, je bois un bol de … chaud au petit déjeuner.

b. Il est bon pour la santé de manger au moins un … par jour.

c. Les mammifères peuvent … leurs petits à la naissance.

d. Une vache élevée pour son lait est une vache … .

8 À l'oral **Dis un mot, ton camarade devra dire un mot de la même famille, et ainsi de suite.**

J'écris

9 ★ **Décris le dessin en utilisant des mots de la même famille.**

Aide-toi de cette liste de mots : une plante, des plantations, planter, un plant.

Les contraires

Cherchons

Le chat est un félin, comme le tigre et la panthère ! Comme eux, il est carnivore et peut sortir ou **rentrer** ses griffes à volonté. Le tigre est le plus **grand** félin et peut peser jusqu'à 300 kilos, alors que le chat est le plus petit des félins et pèse environ 4 kilos. Le tigre est un animal **sauvage**, le chat est un des animaux domestiques préférés des enfants.

- **Observez les mots en rose. Quels mots du texte veulent dire le contraire ?**
- **Cherchez d'autres mots de sens contraire.**

Je retiens

- Pour dire le **contraire**, on peut :

– utiliser la **forme négative** : *Il vole.* → *Il **ne** vole **pas**.*

– utiliser un **mot différent** : *Il est **grand**.* → *Il est **petit**.*

– utiliser un **mot de la même famille** auquel on ajoute un **préfixe** :

possible → ***im**possible* *adroit* → ***mal**adroit*

discret → ***in**discret* *couvert* → ***dé**couvert*

- Les mots de sens contraire peuvent être des **noms** *(le jour / la nuit)*, des **verbes** *(entrer / sortir)*, des adjectifs *(petit / grand)*.

Retrouver les contraires

1 ★ **Associie les contraires.**

plein ○	○ difficile
facile ○	○ mauvais
bon ○	○ chaud
propre ○	○ injuste
froid ○	○ vide
juste ○	○ sale

2 ★★ **Écris ensemble les couples de mots contraires.**

le jour / la nuit

une autorisation – avancer – le jour – la nuit – crier – une interdiction – reculer – s'endormir – chuchoter – se réveiller

3 ★★ **Trouve dans le texte deux contraires du mot *fin*.**

Au début de l'histoire, le héros quitte son village. C'est le commencement d'une longue aventure. Il affronte un dragon, puis une sorcière. Il se perd dans une forêt magique. À la fin du conte, il triomphe.

Utiliser des contraires

4 ★ **Écris le mot contraire.**

clair → foncé

méchant • riche • ancien • froid • heureux

5 ★ **Écris le verbe contraire en t'aidant de la liste.**

monter   arriver   prendre   entrer

a. donner
b. descendre
c. sortir
d. partir

6 ★ **Écris une phrase de sens contraire en utilisant *ne… pas*.**

*Je suis malade. → Je **ne** suis **pas** malade.*

a. Je prépare mon cartable.
b. Tu mets la table.
c. Mes parents vont au cinéma.
d. Nous finissons notre repas.

7 ★ **Remplace chaque mot en gras par un mot de la liste de sens contraire.**

montez   derrière   sous   fermez

a. Vous **ouvrez** la fenêtre.
b. Le livre est **sur** la table.
c. Ils sont **devant** nous.
d. Vous **descendez** l'escalier.

8 ★ **Complète les phrases avec un contraire du mot en gras. Utilise les mots de la liste.**

fausse   légère   interdit

a. Ma valise n'est pas **lourde**, elle est … .
b. Le stationnement des véhicules n'est pas **permis**, il est … .
c. L'addition n'est pas **juste**, elle est … .

Défi langue

Quel est le point commun des mots suivants ?
décoiffer • déranger • démonter • défriser • déplacer

9 ★★ **Recopie les phrases en remplaçant les mots en gras par des contraires.**

a. Je **plie** ma serviette.
b. **Après** le repas, je vais me promener.
c. Ils avancent **rapidement**.
d. Nous allons à la piscine **avec** Émilie.

10 ★★ **Complète les phrases avec un contraire du mot en gras.**

a. La maison n'est pas **immense**, elle est … .
b. Le chat n'est pas **jeune**, il est … .
c. Le tapis n'est pas **usé**, il est … .

11 À l'oral **Dis une phrase, ton camarade devra dire le contraire.**

*Mon sac est **lourd**. → Mon sac est **léger**.*

J'écris

12 ★★ **Transforme le texte en remplaçant les mots en gras par des mots de sens contraire. Puis invente une suite.**

On part en vacances. Les valises sont prêtes. Elles sont presque **pleines** et **lourdes**. Je porte la mienne avec **difficulté**. Nous arrivons à la gare en **retard**.

Les synonymes

Cherchons

poilus
horribles
avoir peur
épouvantables
sombre
obscure
velus
être effrayé

- **Observez l'illustration. Quels mots pouvez-vous utiliser pour décrire le garçon ? Et pour décrire les monstres ? Et la chambre ?**
- **Quels mots ont le même sens ?**

Je retiens

- Des **synonymes** sont des mots qui **signifient presque la même chose.** Ils permettent d'éviter de faire des répétitions quand on écrit.

  *J'ai fait un **bon** repas.* → *J'ai fait un **excellent** repas.*

  → *J'ai fait un **délicieux** repas.*

- Les synonymes peuvent être des **noms** (*un habit*, *un vêtement*), des **verbes** (*parler*, *dire*), des **adjectifs** (*sombre*, *obscur*).

Reconnaitre des synonymes

1 ✶ Associe les synonymes.

beau ○	○ laid
malin ○	○ joli
affreux ○	○ grand
apeuré ○	○ rusé
gentil ○	○ terrifié
haut ○	○ adorable

2 ✶ Classe les synonymes dans le tableau.

synonymes de *manger*	synonymes de *parler*

dire • gouter • déguster • déclarer • savourer • annoncer • réciter • avaler • s'alimenter • bavarder • s'exprimer

3 ✶ **Associe chaque animal à deux synonymes qui peuvent le décrire.**

un serpent ***agressif*** *et* ***menaçant***

	○ gigantesque
un serpent ○	○ agressif
un chat ○	○ tranquille
	○ menaçant
un éléphant ○	○ énorme
	○ paisible

Défi langue

Dans chaque liste, trouve le mot qui n'est pas synonyme des autres et explique pourquoi.

a. un bois • une forêt • un arbre

b. un blouson • un chemisier • une veste

4 ✶✶ **Trouve deux synonymes pour chaque dessin.**

a.

c.

b.

d.

5 ✶✶ **Trouve dans le texte deux synonymes du verbe en gras.**

Monsieur Loup avait faim pour trois bonnes raisons. La première : monsieur Truc, le directeur du supermarché, l'avait chassé car il **mangeait** ses clients. La seconde : monsieur Troc, le gardien du parc, l'avait renvoyé car il dévorait ses promeneurs. La troisième : mademoiselle Tric, la maîtresse d'école, l'avait exclu car il grignotait ses élèves.

Colin McNaughton, *Oh là là !*, trad. C. Mayer, © Éditions Gallimard Jeunesse, www.gallimard.fr.

Utiliser des synonymes

6 ✶ **Remplace les mots en gras par un synonyme de la liste.**

splendide étonné amusant

a. Paul est si **drôle** que tout le monde veut être son ami.

b. Le prince habite un château **magnifique**.

c. Tu as été tellement **surpris** que tu as arrêté de parler.

7 ✶✶ **Remplace chaque mot en gras par un synonyme.**

a. Ma **mère** arrose les fleurs de son jardin.

b. Enzo n'a fait aucune **erreur** à sa dictée.

c. Quand Sarah est en colère, elle **crie**.

8 ✶✶ **Aide-toi du dictionnaire pour trouver un synonyme aux mots suivants.**

un cachot • le chagrin • une boutique • un animal

9 À l'oral **Dans ta tête, remplace les mots en gras par des synonymes, puis dis ta phrase. Est-ce la même que ton camarade ?**

La **petite** souris agace le **gros** chat paresseux.

J'écris

10 ✶✶ **Décris la sorcière. Utilise des synonymes.**

Aide-toi de cette liste de mots : laide, affreuse, horrible, crochu, tordu, petits, minuscules.

Les homonymes

Vers le cycle 3

Cherchons

A

1 Il fait très chaud.
Il faut protéger la peau
des rayons du soleil !

B

2 Il fait chaud.
Il faut protéger le pot
des rayons du soleil !

- **Lisez les deux textes à voix haute. Sont-ils identiques ?**
- **À quelle illustration correspond chaque texte ?**
- **Quel mot est différent ?**

Je retiens

- Les **homonymes** sont des mots **qui se prononcent de la même façon** mais qui **s'écrivent différemment. Ils ne veulent pas dire la même chose.**

*J'ai la **peau** fragile.* *Le **pot** de géraniums est en fleur.*

Reconnaitre des homonymes

1 **Associe chaque mot à la définition qui convient.**

laid ○	○ morceau
lait ○	○ affreux
bout ○	○ terre mêlée d'eau
boue ○	○ calcul
conte ○	○ boisson
compte ○	○ histoire

Défi langue

Un intrus s'est glissé dans chaque liste d'homonymes. Retrouve-le et explique ton choix à chaque fois.

a. dent • dans • danse

b. moi • moite • mois

c. cou • coup • coude

2 * **Écris le mot qui correspond à chaque dessin.**

a.

b.

3 * **Réponds par *vrai* ou *faux*.**

a. Les homonymes s'écrivent de la même façon.

b. Les homonymes se prononcent de la même façon.

c. Les homonymes ont le même sens.

Utiliser des homonymes

4 * **Complète les phrases avec le mot qui convient.**

a. *cou • coup*

J'aime porter un collier autour du … .

À la récréation, Thomas a reçu un … .

b. *dent • dans*

Il y a du chocolat … ce gâteau.

J'ai perdu une … hier.

c. *mai • mais*

Il pleut, … j'aime bien la pluie !

Le mois de … est un joli mois.

d. *peux • peu*

Il y a très … de place dans le coffre.

Je … nouer mes lacets tout seul.

5 * **Trouve l'homonyme de chaque mot.**

Tu peux utiliser un dictionnaire.

a. amande

b. bar

c. balle

d. bond

6 * **Complète les homonymes en gras avec *il*, *elle* ou *le*.**

a. … **peint** sa chambre en bleu.

… **pain** est délicieux.

b. Au gouter, … **veut** toujours une tartine.

Quand Lucas voit une étoile filante, il fait … **vœu** d'avoir beaucoup d'amis.

c. Je me suis coincé … **doigt** en refermant le tiroir de mon bureau.

… **doit** rentrer avant la nuit.

d. … **col** de sa chemise est froissé.

… **colle** la feuille dans son cahier.

7 ** **Complète les phrases avec le mot qui convient.**

vert   verre   vers   ver

a. J'aime la campagne quand tout est … .

b. Le … de terre est l'ami du jardinier.

c. Si tu as soif, bois un grand … d'eau.

d. Il se dirige … la gare.

8 ** **Complète chaque paire de phrases avec deux homonymes.**

a. Je me suis coupé, j'ai le doigt plein de … . • Il y avait … personnes qui assistaient au spectacle.

b. Le pull de ma sœur est très … . • … viens-tu ?

c. Au camping, j'ai dormi sous une … • Ma … est venue avec mon oncle.

9 À l'oral **Invente une phrase avec *bout* et *boue*.**

J'écris

10 ** **Écris les mots correspondant aux dessins, puis utilise-les dans une phrase.**

a.

b.

Je révise

Connaitre l'ordre alphabétique

1 * **Réponds par *vrai* ou *faux*.**
a. L'alphabet comporte 27 lettres.
b. *a, e, i, o, u* sont des voyelles.
c. Il y a 22 consonnes dans l'alphabet.
d. *y* est une voyelle.

2 * **Choisis cinq prénoms d'élèves de ta classe et classe-les dans l'ordre alphabétique.**

Savoir lire un article de dictionnaire

3 * **Recopie l'article de dictionnaire qui correspond à la photographie ci-dessous.**

a. **falaise** **nom féminin**
Une **falaise** est une partie très haute de la côte qui tombe à pic dans la mer.

b. **rocher** **nom masculin**
Un **rocher** est un gros bloc de pierre. *Sébastien aime escalader les* ***rochers****.*

Dictionnaire des débutants, CP-CE,
© Larousse 2015.

4 ** **Utilise un dictionnaire pour chercher les deux sens du mot *kiwi*. Recopie-les.**

Connaitre et utiliser des noms génériques

5 * **Il y a un intrus dans chaque liste. Trouve-le.**
a. une voiture • un tracteur • une moto • un aéroport
b. jeudi • juin • mardi • samedi
c. un lave-linge • un réfrigérateur • une assiette • une cafetière

6 * **Trouve un nom générique pour regrouper les noms de chaque liste.**
a. une fourmi • une guenon • une tortue • un singe • un moineau
b. l'été • l'automne • le printemps • l'hiver
c. une trousse • un cahier • un stylo • une gomme • un feutre

Reconnaitre les mots d'une même famille

7 * **Associe le nom et le verbe de la même famille.**

la rougeur ○	○ sécher
le séchoir ○	○ salir
la saleté ○	○ habiter
le choix ○	○ rougir
l'habitation ○	○ choisir

8 ** **Dans chaque liste, deux familles de mots sont mélangées. Recopie chaque famille de mots.**
a. une chaussure • cirer • une chaussette • le cirage • chausser • un cireur
b. la lessive • salir • lessiver • la saleté • un lessivage • salement

Retrouver et utiliser des contraires

9 ★ **Associe les contraires.**

donner ○	○ pleurer
rire ○	○ pousser
arriver ○	○ prendre
commencer ○	○ partir
tirer ○	○ terminer

10 ★★ **Forme le contraire de chaque mot en utilisant les préfixes *-in* ou *-dé*.**

discret • faire • coller • croyable • coudre • supportable

11 ★★ **Recopie les phrases en remplaçant les mots en gras par des mots de sens contraire.**

a. Je me lève **tôt** tous les matins.

b. Mon cartable est **léger**.

c. J'**aime** le chocolat !

d. **Sortez** !

e. Il faudrait **commencer** ce travail !

Reconnaitre et utiliser des synonymes

12 ★ **Associe les synonymes.**

triste ○	○ mince
content ○	○ joyeux
calme ○	○ stressé
fin ○	○ malheureux
énervé ○	○ paisible

13 ★ **Remplace les mots en gras par un synonyme de la liste.**

instituteur | centre | début | médecin

a. Le bouquet est au **milieu** de la table.

b. Ma mère a appelé le **docteur** pour ma petite sœur.

c. Je récite la poésie à mon **maitre**.

d. Nous avons raté le **commencement** du dessin animé.

14 ★★ **Trouve un synonyme pour chaque mot en gras.**

a. Le lion **saute** sur la gazelle.

b. Il **donne** un cadeau à son frère.

c. Nous **nettoyons** la vaisselle.

d. Notre **maison** est **vaste**.

Reconnaitre et utiliser des homonymes

15 ★ **Écris le mot qui correspond à chaque dessin.**

a.

b.

16 ★ **Complète les phrases avec le mot qui convient.**

a. *bal* • *balle*

C'est au … que Cendrillon a rencontré le prince.

b. *prix* • *pris*

Le … de cette chemise est trop élevé.

c. *riz* • *rit*

Mon grand frère … toujours en entendant cette blague.

d. *Marie* • *mari*

Le … de ma tante est facteur.

17 ★ **Complète les homonymes en gras avec *il*, *elle* ou *la*.**

a. À la récréation, on joue dans … **cour**. • … **court** plus vite que moi !

b. … **sale** les frites avant de les servir. • … **salle** des fêtes est très grande.

À l'école

Cherchons

- **Observez l'illustration, puis faites la liste des objets et des personnes qui se trouvent dans la classe.**
- **Comment s'appelle votre école ? Combien y a-t-il de classes ?**

Connaitre l'école

1 * **Écris la liste de toutes les personnes (adultes et enfants) que tu peux rencontrer à l'école.**

2 * **Réponds aux questions sur ton cahier.**

a. À quelle heure arrives-tu à l'école le matin et à quelle heure pars-tu le soir ?

b. À quelle heure vas-tu déjeuner à la cantine ou à la maison ?

3 * **Fais la liste de tous les lieux de ton école (salle de classe, bibliothèque…).**

4 * **Donne le nom de ces deux lieux et décris les objets qui s'y trouvent.**

a.

b.

Connaitre les mots de l'école

5 ★ **Dans cette liste, recopie les actions que tu fais lorsque tu es en classe.**
danser • lire • sauter • réfléchir • réciter • compléter • monter • calculer • peindre • courir • découper • écrire

6 ★ **Dans cette liste, recopie les actions que tu fais lorsque tu es dans la cour de récréation.**
courir • apprendre • dessiner • sauter • jouer • attraper une balle • marcher • recopier • mesurer • souligner

7 ★ **Fais la liste de toutes les matières que tu as travaillées ce matin.**

8 ★ **Associe chaque objet au verbe qui lui correspond.**

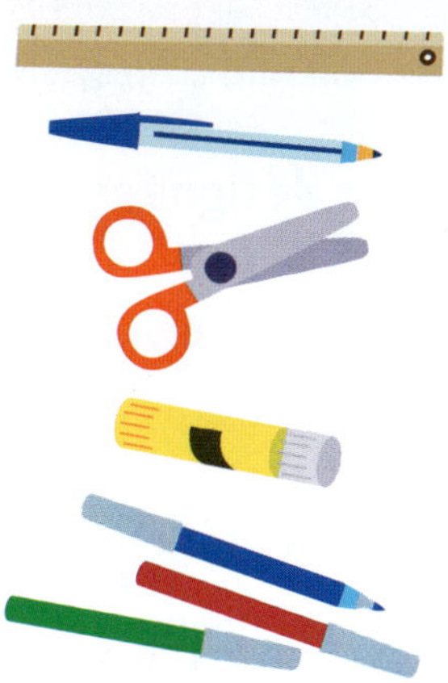

- colorier
- découper
- mesurer
- écrire
- coller

9 ★ **Recopie uniquement le matériel qui se trouve dans une trousse.**
un classeur • un crayon à papier • un cahier • un cartable • un taille-crayon • une paire de ciseaux • une ardoise • une gomme • un stylo • un ballon

10 ★★ **Trouve la réponse à ces devinettes.**
a. Lorsqu'elle sonne, il faut se mettre en rang : c'est la … .
b. Le maitre les appelle chaque jour pour vérifier leur présence : les … .
c. L'écolier écrit ses leçons dessus : un … .
d. Espace à l'extérieur dans lequel les élèves jouent avec plaisir : la … .

11 À l'oral **Une nouvelle élève est arrivée ce matin. Présente-lui ta classe et ton école.**

J'écris

12 ★★ **Écris trois phrases pour décrire ce que tu fais en arrivant à l'école le matin.**

Aide-toi des mots que tu as découverts dans la leçon.

Les mots que j'ai découverts

des personnes	des lieux	des actions	des fournitures
un écolier	une école	lire	un cahier
une élève	le préau	écrire	une trousse
la maitresse	la classe	calculer	un stylo
le maitre	la cour	mesurer	un crayon
	la cantine	découper	un taille-crayon
	la bibliothèque	réciter	une gomme

De la cave au grenier

Cherchons

- Observez l'illustration de la maison. Comment s'appellent les pièces désignées par les numéros ?
- Faites la liste des meubles et des appareils ménagers que l'on peut y trouver.

Connaitre les pièces de la maison

1 * **Trouve la réponse à ces devinettes.**

a. On y prend sa douche : la … .
b. On y dort : la … .
c. On y prépare les repas : la … .

2 * **Associe le meuble ou l'appareil à la pièce dans laquelle tu peux le trouver.**

un réfrigérateur ○	○ la salle à manger
un ordinateur ○	○ l'entrée
un portemanteau ○	○ le bureau
un buffet ○	○ la cuisine

3 * **Complète avec les mots de la liste.**

l'entrée   le salon   la cuisine

En rentrant, je dépose mon manteau dans … . Je prends mon gouter sur la table de … et je regarde la télévision dans … .

Connaitre le mobilier et les appareils de la maison

4 * **Classe les mots dans le tableau.**

la salle de bains	le sous-sol

une baignoire • un miroir • un vélo • une caisse à outils • un panier à linge • la chaudière • un établi

Défi langue

Quel est le point commun entre les mots de la liste écrits en gras ?
un ours en peluche • **un lit** • un four • **une couette** • **un oreiller** • un lave-linge • **une armoire** • un réfrigérateur • **une commode** • un fer à repasser

5 ** **Trouve la réponse à ces devinettes.**
a. On y cuit les gâteaux : le … .
b. On y garde les aliments au froid : le … .
c. On y met la vaisselle qui en ressort propre et sèche : le …-… .
d. On mange dessus : la … .

6 ** **En t'aidant du dessin, fais la liste des appareils qui utilisent de l'électricité ou du gaz dans la cuisine.**

7 ** **Trouve la réponse à ces devinettes.**
a. Dans la salle de bains, on s'y lave les mains : le … .
b. On la remplit avant de s'y plonger : la … .
c. On l'utilise pour sécher les cheveux : le …-… .

8 ** **Complète avec le mot qui manque. Tu trouveras le nom de trois objets rangés dans la salle de bains.**

Il manque le même mot à chaque fois !

a. une … à cheveux
b. une … à dents
c. une … à ongles

9 À l'oral **Décris la pièce que tu préfères chez toi sans la nommer. Tes camarades doivent trouver de quelle pièce il s'agit.**

J'écris

10 ** **Décris ta maison. Fais la liste des pièces et des meubles qu'on y trouve. Utilise les mots que tu as découverts dans la leçon.**

Les mots que j'ai découverts

des pièces	du mobilier	des appareils	
l'entrée	une table	une cafetière	un ordinateur
la cuisine	un buffet	un lave-linge	un fer à repasser
la salle à manger	un lit	un réfrigérateur	un sèche-cheveu
le salon	une commode	un four	une chaudière
la chambre	une armoire	une télévision	
la salle de bains	une baignoire		
le bureau	un bureau		
le sous-sol			

En famille

Cherchons

- Observez l'arbre généalogique. Qui est Jocelyne pour Tom, Marie et Léo ?
- Qui sont Vincent et Marion pour Patrick ? Qui est Marion pour Tom, Marie et Léo ?
- Avec cet arbre généalogique, peut-on connaitre le nom des parents de Céline ?

Nommer les membres de la famille

1 ⋆ **Complète les phrases avec les mots de la liste.**

cousin grand-mère tante

a. Ma … est la mère de ma mère.
b. Ma … est la sœur de ma mère.
c. Mon … est le fils de mon oncle.

2 ⋆ **Réponds par *vrai* ou *faux*.**

a. Mon grand-père est le père de mon père.
b. Mon cousin est le frère de ma mère.
c. Ma tante est la sœur de mon père.
d. Ma cousine est la fille de ma tante.

Défi langue

Peux-tu répondre à cette question? Explique comment tu as fait.
Je suis l'oncle de mon neveu, de qui mon neveu peut-il être le fils ?

3 ⋆ **Associe les noms des deux colonnes.**

tonton ○	○ père
maman ○	○ grand-mère
mamie ○	○ oncle
tata ○	○ mère
papa ○	○ grand-père
papi ○	○ tante

4 ** **Dans chaque liste, recopie les mots qui désignent des personnes d'une même famille.**

a. le frère • le meilleur ami • la sœur • la voisine • le petit-fils

b. l'oncle • le voisin • un ami de mon père • la tante

c. la grand-mère • le grand-père • le fils • un vieil homme • le père d'un ami

5 ** **Écris les mots de la liste au féminin.**

a. un père
b. un frère
c. un neveu
d. un oncle
e. un cousin
f. un grand-père

Connaitre des évènements importants de la vie de famille

6 * **Complète les phrases à l'aide des mots de la liste.**

anniversaire — divorce — enterrement — naissance — mariage

a. Deux personnes qui se marient, c'est un … .

b. Lorsqu'un bébé arrive, c'est une … .

c. À chaque fois qu'on le fête, on vieillit d'un an, c'est un … .

d. Lorsqu'une personne décède, on doit l'enterrer, c'est un … .

e. Deux personnes mariées qui se séparent, c'est un … .

Connaitre les différentes étapes de la vie

7 * **Recopie ces différentes étapes de la vie dans l'ordre chronologique.**

la vieillesse

la naissance

l'adolescence

l'âge adulte

l'enfance

8 À l'oral **Raconte à tes camarades un souvenir de fête passée en famille.**

J'écris

9 ** **Choisis une personne de ta famille et présente-la en indiquant ses liens de parenté avec toi.**

Thomas est le frère de ma mère.
C'est mon oncle. Il a...

Tu peux t'aider des mots que tu as découverts.

Les mots que j'ai découverts

les membres de la famille		les étapes de la vie	les évènements
des parents	le frère	la naissance	un anniversaire
un père	la sœur	l'enfance	un mariage
une mère	l'oncle	l'adolescence	un divorce
un fils	la tante	l'âge adulte	un décès
une fille	un cousin	la vieillesse	
	une cousine		

À table !

Cherchons

- Observez les illustrations. À quel dessin correspond le petit déjeuner ? Quel repas est illustré en (3) ?
- Faites la liste des aliments illustrés en (4). Est-ce que vous consommez d'autres aliments au déjeuner ou au diner ?

Connaitre les aliments

1 * **Classe les mots dans le tableau.**

les fruits	les légumes

une fraise • une aubergine • une pomme • une salade • une poire • des mures • une cerise • une asperge • des épinards • un poireau • une courgette • un melon • un poivron • une clémentine

Défi langue

Cite trois légumes qui poussent dans la terre et trois légumes qui poussent à l'air libre.

2 * **Dans cette liste, recopie les aliments que tu consommes généralement au gouter.**

un artichaut • une orange • du pain • du concombre • un yaourt • une barre de céréales • du chocolat • des œufs • un sandwich • des biscuits

3 * **Classe les aliments dans le tableau.**

le petit déjeuner	le diner

de la soupe • des haricots verts • de la confiture • de la viande • du poisson • un bol de céréales • des carottes • de la brioche • de la purée • des brocolis • du jus d'orange

4 ★★ **Classe les aliments selon leur origine.**

les aliments d'origine animale	les aliments d'origine végétale

une pomme • du poulet • des pommes de terre • du lait • de la salade • des moules • des céréales • des pâtes • du fromage • de la farine • du poisson • du beurre

Connaitre les ustensiles de cuisine

5 ★ **Écris la liste de tout ce qui est dessiné sur la table.**

6 ★ **Dans chaque liste, recopie uniquement les mots qui désignent des ustensiles de cuisine.**

a. un saladier • de la farine • un ordinateur • un moule à gâteau • une poêle

b. un téléphone • un œuf • un fouet • une casserole • une spatule

c. un plat • un crayon • une pelle à tarte • une cuillère • un rouleau à pâtisserie

Connaitre des verbes sur le thème de l'alimentation

7 ★ **Associe les verbes à leur définition.**

savourer ○	○ mâcher et avaler des aliments
manger ○	
se nourrir ○	
déguster ○	○ manger ou boire lentement pour apprécier le gout

8 ★★ **Complète les phrases avec un verbe qui veut dire que l'on retire la peau ou la queue.**

Aide-toi des verbes de la liste.

épluche — écosse — pèle — équeute

a. On dit qu'on … une orange.

b. On dit qu'on … une pomme.

c. On dit qu'on … des haricots verts.

d. On dit qu'on … des petits pois.

J'écris

9 ★★ **Écris ton menu préféré.**
Il doit comporter une entrée, un plat et un dessert.

Les mots que j'ai découverts

les repas	**la table**	**les ustensiles**	**se nourrir**
le petit déjeuner	une assiette	une poêle	manger
le déjeuner	un couteau	une casserole	savourer
le gouter	une fourchette	un saladier	déguster
le diner	une cuillère	un moule	mâcher
	un verre	un plat	avaler
		un fouet	boire

Le temps qui passe

Interdisciplinarité

Cherchons

- **Ces objets ont tous quelque chose en commun. Qu'est-ce que c'est ?**
- **Essayez de citer d'autres instruments de mesure du temps.**

Connaitre des mots pour parler du temps

1 ✶ **Écris dans le tableau les jours où tu vas à l'école et ceux où tu n'y vas pas.**

les jours avec école	les jours sans école

Aide-toi d'un calendrier pour faire les exercices 2 et 3.

2 ✶ **Réponds aux questions sur ton cahier.**

a. À quelle date commence l'année ?
b. À quelle date se termine-t-elle ?
c. En France, à quelle fête correspond le 14 juillet ?
d. Cherche une autre date fériée dans un calendrier.

3 ✶ **Fais la liste des mois de l'année. Indique aussi le nom des saisons.**

4 ✶✶ **Complète les phrases.**

Tu peux t'aider d'un dictionnaire.

a. Il y en a 60 par heure, ce sont les … .
b. Il y en a 24 dans un jour, ce sont les … .
c. Il en faut 60 pour faire une minute, ce sont les … .
d. Il y en a 7 par semaine, ce sont les … .
e. Une année en compte 4, ce sont les … .
f. Il y en a 12 par an, ce sont les … .

5 ✶✶ **Trouve la réponse à ces devinettes en t'aidant des mots de la liste.**

un millénaire — une semaine — une décennie — une année — un siècle

a. Je dure 7 jours, je suis … .
b. Je compte 365 jours, je suis … .
c. Je dure 10 ans, je suis … .
d. Je dure 100 ans, je suis … .
e. Je dure 1 000 ans, je suis … .

Connaitre des instruments de mesure du temps

6 ★ **Associe chaque photographie à son nom.**

a. un chronomètre
b. un cadran solaire
c. une montre à gousset
d. une pendule murale

1. 

3. 

2. 

4. 

7 ★★ **Complète les phrases avec les mots de la liste.**

agenda · sablier · calendrier · minuteur · montre

a. Tableau qui indique les mois, les jours et les fêtes d'une année : un … .
b. Carnet où on note ses rendez-vous : un … .
c. Instrument qui indique l'heure et qui se porte au poignet : une … .
d. Petit instrument dans lequel du sable coule lentement de haut en bas : un … .
e. Petit appareil très utile en cuisine : un … .

Connaitre des indicateurs de temps

8 ★ **Classe les mots dans le tableau.**

le passé	le présent	le futur

hier • la semaine dernière • aujourd'hui • bientôt • en ce moment • la veille • demain • l'année prochaine • maintenant

9 ★★ **Complète les phrases avec les mots de la liste.**

soir · veille · demain · hier · après-midi

a. …, j'irai jouer chez mon amie Lucie.
b. Cet …, nous goutons dans le parc.
c. Je me brosse les dents chaque … avant d'aller me coucher.
d. Pour ne rien oublier, Sam prépare toujours son cartable la … .
e. …, Clara est allée au cinéma.

J'écris

10 ★★ **Voici trois expressions avec le mot *temps*. Emploie chaque expression dans une phrase.**

a. avoir le temps
b. perdre son temps
c. prendre le temps

Les mots que j'ai découverts

les divisions du temps

une seconde	un mois
une minute	une année
une heure	une décennie
un jour	un siècle
une semaine	un millénaire

des objets pour mesurer le temps

une montre	un calendrier
un réveil	un agenda
un chronomètre	un sablier
une pendule	un cadran solaire
	un minuteur

De la tête aux pieds

Interdisciplinarité

Cherchons

- Comment s'appellent les parties du corps numérotées (1), (2), (3) et (8) ?
- Donnez le nom des parties (4), (5), (6) et (7). Savez-vous ce que ces parties du corps ont de particulier ? Comment les appelle-t-on ?

Connaitre son corps

1 * **Trouve la réponse à ces devinettes.**

a. Avec eux, je vois : les … .
b. Avec elles, j'entends : les … .
c. Avec lui, je respire : le … .
d. Avec elle, je goute les aliments : la … .

2 * **Trouve l'intrus dans chaque liste.**

a. voir • regarder • manger
b. sauter • prendre • tenir
c. réfléchir • grimper • penser

3 * **Sur ton cahier, écris trois verbes pour désigner des actions que tu peux faire avec :**

a. ta bouche
b. tes jambes

4 ** **Associe le sens avec la partie du corps qui correspond.**

le gout ○	○ les yeux
la vue ○	○ la langue
l'odorat ○	○ les mains
le toucher ○	○ les oreilles
l'ouïe ○	○ le nez

5 ** **Indique la partie du corps que tu utilises pour faire ces actions.**

a. écrire
b. lire
c. boire
d. lancer
e. écouter
f. sentir
g. courir
h. penser
i. parler
j. marcher

6 ★★ **Complète les phrases avec les mots de la liste.**

sang · muscles · cerveau · cœur · squelette

a. C'est la charpente de notre corps : le … .
b. Il bat sans arrêt : le … .
c. Il coule lorsque l'on se coupe : le … .
d. Il commande et contrôle tous les mouvements du corps : le … .
e. Ils nous permettent de bouger : les … .

Défi langue

Trouve l'expression qui correspond à chaque définition. Chacune contient le nom d'une partie du corps.
a. Parler avec un défaut de prononciation.
b. Avoir moins faim qu'on ne le croit.

Prendre soin de son corps

7 ★ **Trouve trois parties de ton corps qu'il faut brosser.**

Aide-toi des dessins.

8 ★ **Complète le texte avec les mots de la liste.**

caries · dentiste · brosser · dents

Il faut aller une fois par an chez le … car même si tu n'as pas mal aux …, tu peux avoir des … . Il faut te … régulièrement les dents matin et soir et même à midi si tu le peux.

9 ★★ **Complète les phrases avec les mots de la liste.**

poux · médecin · sommeil · peau

a. En été, nous devons la protéger des rayons du soleil : c'est la … .
b. En le consultant, tu restes en bonne santé : c'est le … .
c. Ils peuvent envahir ta tête : ce sont les … .
d. Il en faut plusieurs heures pour chasser la fatigue : c'est le … .

J'écris

10 ★ **Décris ce garçon en utilisant les mots de la liste.**

tête · cheveux · cou · poignet · pied

Les mots que j'ai découverts

les parties du corps		à l'intérieur du corps	les cinq sens
la tête	le bras	le sang	la vue
les yeux	le coude	les muscles	l'ouïe
le nez	la jambe	le squelette	l'odorat
la langue	le genou	le cerveau	le gout
la main	la cheville	le cœur	le toucher

Les animaux

Interdisciplinarité

Cherchons

les reptiles · les oiseaux · les mammifères · les poissons · les insectes

- **Comment les animaux sont-ils regroupés sur l'illustration ?**
- **Associez chaque famille d'animaux à son étiquette.**

Connaitre le nom des animaux

Tu peux t'aider d'un dictionnaire pour les exercices de cette leçon.

1 * **Écris le nom des femelles.**
le coq • le chien • le loup • le renard • le canard • l'ours • le chat

2 * **Écris le nom des mâles.**
la tigresse • la dinde • la biche • la jument • la truie • la vache • la chamelle

3 * **Complète le nom des petits.**
le renard… • l'éléphant… • le serpent…

4 ** **Trouve la réponse à ces devinettes en t'aidant des dessins.**

a. Il porte sa maison sur le dos : l'… .
b. Elle produit le miel : l'… .
c. C'est le plus gros des oiseaux, pourtant elle ne vole pas : l'… .
d. Il se déplace en marchant sur le côté : le … .

Savoir catégoriser les animaux

5 ★ **Il y a un intrus dans chaque liste. Trouve-le.**

a. des animaux à plumes : une poule • une chouette • un pinson • une sardine • un perroquet

b. des animaux à poils : un cheval • un chat • un lion • un lézard • un hamster

Défi langue

Quel animal n'est pas à sa place dans la liste ? Explique pourquoi.
une truite • une sole • une raie • une baleine • un bar • un thon

6 ★★ **Classe les animaux dans le tableau.**

les oiseaux	les insectes

une hirondelle • une mouche • un aigle • un moustique • une coccinelle • une pie • un pingouin • un moineau • une guêpe • un papillon • une mésange • une sauterelle

7 ★★ **Complète le texte avec les mots *végétariens* et *carnivores*.**

Les animaux se nourrissent. Les … mangent des végétaux, les … mangent des animaux. Si les carnivores disparaissent, les végétariens peuvent se multiplier, ce qui peut créer des déséquilibres.

Connaitre le cri des animaux

8 ★★ **Associe chaque animal à son cri.**

Le chat ○	○ aboie.
Le chien ○	○ coasse.
La grenouille ○	○ barrit.
Le lion ○	○ cancane.
Le cheval ○	○ miaule.
Le canard ○	○ hennit.
L'éléphant ○	○ rugit.

9 À l'oral **Décris ton animal préféré sans le nommer. Tes camarades doivent deviner de quel animal il s'agit.**

J'écris

10 ★★ **En t'aidant des dessins, écris au moins deux expressions comportant des noms d'animaux.**

Têtu comme un âne.

Les mots que j'ai découverts

les familles d'animaux

un mammifère	un mâle
un oiseau	une femelle
un poisson	un petit
un reptile	un carnivore
un insecte	un végétarien

le cri des animaux

miauler	rugir
aboyer	coasser
hennir	barrir
cancaner	

Ce que je dois savoir à la fin de mon CE1

Reconnaitre un nom générique

Un nom générique désigne une catégorie d'objets, d'êtres ou de personnes.

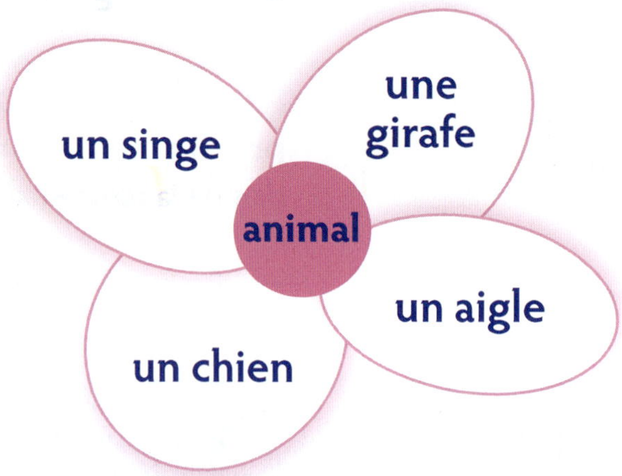

Reconnaitre les mots de la même famille

Les mots de la même famille ont une partie commune : le radical.

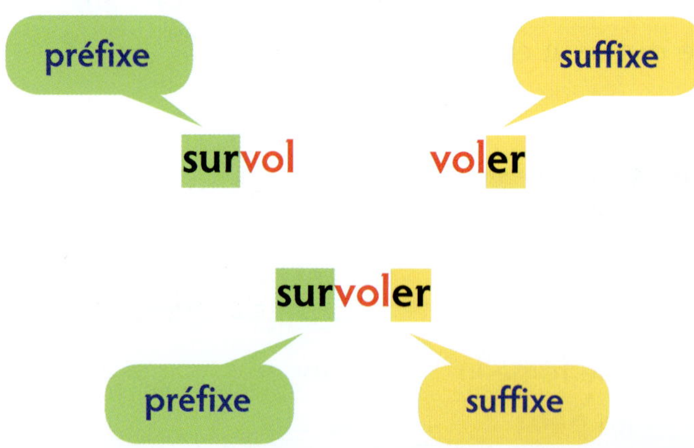

Reconnaitre les contraires

Les contraires sont des mots qui ont un sens opposé.

Les contraires

- un mot différent : petit → grand
- un mot de la même famille : possible → **im**possible

Reconnaitre les synonymes

Les synonymes sont des mots qui ont presque le même sens.

Les synonymes

- des noms : un vêtement = un habit
- des verbes : parler = dire
- des adjectifs : beau = joli

Crédits iconographiques

▪ **p. 13** : fotolia (chat, chien) ; iStockphoto (oiseau) ▪ **p. 16** : fotolia ▪ p. 17 : iStockphoto.com ▪ **p. 19** : iStockphoto.com ▪ **p. 21** : Serge Coupe/Francedias/Naturimages ▪ **p. 25** : fotolia ▪ **p. 26** : Marielle Bruno/Bios ▪ **p. 36** : Jean-Pierre Muller/AFP - Shutterstock - iStockphoto ▪ **p. 40** : Ton KOENE/Hollandse Hoogte/ Biosphoto ▪ **p. 47** : fotolia ▪ **p. 58** : Mary Evans/Rue des archives - fotolia ▪ **p. 66** : fotolia ▪ **p. 80** : fotolia ▪ **p. 83** : fotolia ▪ **p. 92** : fotolia (grenouille) - fotolia (chien) - iStockphoto (écureuil) - iStockphoto (lion) ▪ **p. 98** : Frédéric Nevoit/Bios ▪ **p. 107** : fotolia ▪ **p. 117** : Samuel Dhier/Bios ▪ **p. 118** : fotolia ▪ **p. 120** : fotolia - fotolia ▪ **p. 126** : fotolia ▪ **p. 136** : 123RF (réveil électronique) - fotolia (clocher) - Jacques Loïc/Photononstop (éphéméride) - Fabrice Poincelet/Onoky/graphic Obsession (sablier) ▪ **p. 137** : fotolia (pendule murale) - Istockphoto.com (chronomètre) - Fotolia (montre à gousset) - 123 RT (cadran solaire) ▪ **p. 138** : fotolia

Illustrations

▪ **Crescence Bouvarel** (pp. 44, 48) ▪ **Séverine Cordier** (pp. 18, 19, 24, 33, 37, 56, 57, 59, 77 ex 8, 79, 82, 84, 85, 93, 95 ex. 7, 101, 105 Défi langue, 110, 113 ex. 3 et 4, 115, 116, 123 ex. 4, 127, 130, 135, 139 ex. 10, 140 ex. 4) ▪ **Joëlle Dreidemy** (pp. 6, 7, 8, 9, 12, 13, 17, 23, 27, 29, 31, 39 ex. 10, 41, 42, 43, 45, 47, 49, 50, 53 ex 16, 54, 55, 60, 61, 63, 67, 68, 69, 71, 72, 73, 75, 76, 77 ex. 9 et 10, 81, 83, 86, 88, 89, 91, 94, 95 ex 9, 97 ex. 7, 99, 100, 102, 104, 105 ex 8, 113 ex. 9, 117, 119, 122, 123 ex. 10, 124, 125, 128, 131, 132, 133, 134, 139 ex. 7, 140 Cherchons, 141) ▪ **Patrick Morize** (mascottes renard, pp. 10, 11, 15, 30, 38, 39 ex. 6, 51, 52, 53 ex. 10, 70, 74, 96, 97 ex 8, 103, 110, 111, 121, 129) ▪ **Stéphanie Rubini** (pp. 20, 28).

Illustrations reprises des œuvres originales

▪ **p. 14** : **Frédéric Pillot**, *Lulu Vroumette*, © Magnard Jeunesse ▪ **p. 22** : **Andrée Prigent**, *Tibili le petit garçon qui ne voulait pas aller à l'école*, © Magnard Jeunesse ▪ **p. 87** : **Claire Delvaux**, *Le Voyage de Poéma*, © Magnard Jeunesse ▪ **p. 90** : **Tony Ross**, *Le Vilain Gredin* © Éditions Gallimard Jeunesse

Conception de couverture : François Supiot
Conception maquette intérieure : Isabelle Southgate
Mise en page : Al'Solo
Relecture : Marianne Stjepanovic-Pauly
Iconographie : Candice Renault
Responsable d'édition : Anne Samain
Coordination éditoriale : Virginie Cartou
Éditrice : Julie Delaere

Achevé d'imprimer en janvier 2018 par G. Canale en Italie
Dépôt légal : avril 2016 – N° d'éditeur 2017_1891